Unnützes Fussballwissen

Erstaunliche Fakten, lustige Geschichten und sensationelle Rekorde –

Werde zum unangefochtenen Experten an jedem Fussball-Stammtisch

Original Erstausgabe April 2021

1. Auflage

Bibliografische Information der Deutschen Nationalbibliothek

Die Deutsche Nationalbibliothek verzeichnet diese Publikation in der Deutschen Nationalbibliografie, detaillierte bibliografische Daten sind im Internet unter https://portal.dnb.de abrufbar.

Druck/Auslieferung: Amazon oder Tochtergesellschaft
Independently published

Inhaltsverzeichnis

Kapitel 1:

Interessante Fakten und lustige Geschichten aus der Welt des Fußballs

1. Paul Breitner wechselte 1974 für die Rekordablösesumme von umgerechnet 1,5 Millionen Euro vom FC Bayern zu Real Madrid. Damit war Paul Breitner ganze fünf Jahre lang der teuerste Spieler der Welt.

2. Der einzige deutsche Fehlschütze bei WM-Elfmeterschießen war Uli Stielike im Halbfinale 1982 gegen Frankreich.

3. Jürgen Klopp schrieb seine Diplomarbeit in Sportwissenschaften über Nordic Walking.

4. Die VfB-Fans skandierten oftmals „Vorfelder raus!" aufgrund ihrer Unzufriedenheit mit Präsident Gerhard Mayer-Vorfelder. Dieser konterte in Interviews ganz schlicht: „Dann kann der Mayer ja bleiben".

5. Edeltechniker Mehmet Scholl hat nie an einer Weltmeisterschaft teilgenommen.

6. Der letzte Nationaltrainer der DDR war Eduard Geyer. In seiner Trainerkarriere wurde er insgesamt sieben Mal vom Schiedsrichter auf die Tribüne verbannt. Laut eigener Aussage waren es jedoch „immer Missverständnisse".

7. Im Jahre 1983 gab es im DFB-Pokalfinale ein Kölner Stadtderby. Der FC besiegte den damaligen Zweitligisten Fortuna mit 1:0. Torschütze war der 1990er Weltmeister Pierre Littbarski.

8. Die Linien der Fußballfelder dürfen maximal zwölf Zentimeter breit sein.

9. Bei der WM 2010 in Südafrika standen zum ersten Mal in der Geschichte nicht Deutschland, Italien, Brasilien oder Argentinien im Endspiel. Das Finale lautete nämlich Spanien gegen die Niederlande. Nur acht Jahre später bei der WM 2018 in Russland gab es dann erneut ein Finale ohne Beteiligung der Fußballgiganten, nämlich Frankreich gegen Kroatien.

10. Die Gelbe und die Rote Karte gibt es erst seit der WM 1970 in Mexiko. Davor wurden die Platzverweise einfach vom Schiedsrichter ausgesprochen worden.

11. Der ehemalige Mainzer Chef-Trainer Martin Schmidt ließ sich vorher als Trainer vom schweizerischen FC Raron einmal nackt in der Kabine fotografieren. Dieses Bild wurde für einen Kalender genutzt, der Erlös von 6.500 Euro wurde an eine Behinderten-Werkstatt gespendet.

12. Der brasilianische Kult-Abwehrspieler Dante wird eigentlich „Dantschi" ausgesprochen.

13. Trotz der drei Titel im Europapokal der Landesmeister zwischen 1974 und 1976 und den unzähligen Legenden dieser Zeit (Franz Beckenbauer, Gerd Müller, Sepp Maier etc.) war der FC Bayern in den 1970er-Jahren rein nach der Drei-Punkte-Regel betrachtet nur Zweiter (mit 615 Punkten) hinter Mönchengladbach (635 Punkte).

14. Ina Aogo hat mehr Instagram-Follower als ihr Mann Dennis Aogo (ehemaliger Nationalspieler).

15. Nationalstürmer Frank Mill begann vor seiner Profikarriere eine Ausbildung zum Floristen.

16. Der AC Mailand war Anfang des 20. Jahrhunderts (damals noch unter dem Namen: Milan Cricket and Football Club) noch nationalistisch orientiert und nahm deshalb keine ausländischen Spieler auf. Die international denkenden Spieler und Mitglieder des Vereins kapselten sich daraufhin ab und gründeten ihren eigenen Club: Inter Mailand.

17. Der erste Fußballer, der zwei Mal in einem WM-Finale auf dem Platz stand, war Luis Monti. Mit seinem Geburtsland Argentinien verlor er das WM-Finale 1930 gegen Uruguay. Bei der WM 1934 gewann er schließlich das Finale mit Italien, dem Land seiner Vorfahren.

18. Das erste 0:0 bei einer Weltmeisterschaft gab es erst bei der WM 1958 in Schweden und zwar beim Spiel zwischen England und Brasilien.

19. Bei der Vorstellung bei seinem neuen Verein Manchester United sagte Eric Cantona, sein Vorbild wäre der Schriftsteller Arthur Rimbaud. Einige Zeitungen haben das jedoch missverstanden und behaupteten, sein Vorbild wäre Rambo.

20. Nur ein deutscher Schiedsrichter pfiff bisher ein WM-Finale. 1970 leitete Rudi Glöckner aus der DDR das atemberaubende Endspiel zwischen Brasilien und Italien im mexikanischen Aztekenstadion, welches die Brasilianer mit 4:1 für sich entschieden.

21. Nach einer Roten Karte beim Spiel gegen Crystal Palace im Jahre 1995 trat Eric Cantona einen gegnerischen Fan mit einem Kung-Fu-Tritt nieder.

22. Franz Beckenbauers Onkel Alfons und Uwe Seelers Vater Erwin spielten in den 1920- und 30er Jahren zusammen in der deutschen Nationalmannschaft des sozialistischen Arbeiter-Turn- und Sportbunds (ATSB). Dieser konkurrierte damals noch mit dem DFB.

23. Klaus Augenthaler war unter Giovanni Trapattoni Co-Trainer beim FC Bayern. Bis 1996 spielte er parallel dazu noch selbst für die Bayern Amateure.

24. Beim unvergessenen 7:0-Sieg des KSC über Valencia im UEFA-Cup-Hinspiel in der Saison 1993/1994 erzielte der Stürmer Edgar Schmitt vier Tore. Fortan wurde er von den Fans im Wildparkstadion „Euro-Eddy" genannt. Der KSC erreichte in diesem Wettbewerb noch das Halbfinale nach weiteren sensationellen Erfolgen gegen Girondins Bordeaux und Boavista Porto. Im Halbfinale scheiterten die Karlsruher schließlich knapp an Salzburg.

25. Rudi Assauer verpasste Gerald Asamoah einst den Spitznamen „Blondie".

26. Uwe Seeler hatte 1961 ein äußerst lukratives Angebot von Inter Mailand. Die Italiener boten ihm das Rekordgehalt von 1,2 Millionen Mark pro Jahr. Seeler sagte schließlich nach einigen Tagen Bedenkzeit ab.

27. Der legendäre brasilianische Dribbelkünstler Garrincha, der einst zusammen mit Pelé durch die gegnerischen Strafräume wirbelte, hatte eigentlich ein schweres Handicap: Sein rechts Bein war sechs Zentimeter kürzer als sein linkes.

28. Der ehemalige VFB- und DFB-Präsident Gerhard Mayer-Vorfelder hatte verschiedene Spitznamen, unter anderem: „Mayer-Vorlaut“, „Schlaumayer-Vorfelder“, „Schlitzmayer-Ohrfelder“ oder auch einfach „MV“.

29. Im Jahre 1999 wurde VfB-Spieler Thorsten Legat fristlos entlassen, weil er auf ein Poster von Pablo Thiam das Wort „Negersaft“ kritzelte.

30. Von den bisherigen sieben Elfmeterschießen bei EM und WM gewann Deutschland sechs. Nur eines hat die Deutsche Elf verloren und zwar gleich das allererste im EM-Finale 1976 gegen die Tschechoslowakei.

31. Robert Lewandowskis Spitznamen sind „Lewy“ und „Bobek“.

32. Der einzige Weltmeister ohne einen einzigen Vorrundensieg war 1982 Italien. In der Vorrunde spielte die Squadra Azzurra drei Mal unentschieden.

33. Der ehemalige Bremer Marko Arnautovic bepöbelte einmal einen Polizisten bei einer Polizeikontrolle mit den Worten: „Ich verdiene so viel, ich kann dein Leben kaufen“.

34. Bei der WM 1966 in England durfte die Nationalhymne Nordkoreas nicht gespielt werden und zwar aufgrund der damaligen diplomatischen Spannungen zwischen beiden Ländern. Um weiterem Ärger mit anderen Nationen vorzubeugen, wurde bei diesem Turnier komplett auf das Abspielen von Nationalhymnen verzichtet.

35. Der ehemalige Stuttgarter Günther Schäfer brachte nach seinem Karriereende ein eigenes Bier heraus mit dem Namen „Günnes". Der Slogan hätte nicht einfallsloser lauten können: „Ein Bier wie Günnes. Stark im Zweikampf, stark im Geschmack".

36. Trotz seiner Vorliebe für Bodybuilding wurde der langjährige Torwart des 1. FC Kaiserslautern Gerry Ehrmann „Tarzan" genannt.

37. Stürmerstar und späterer Nationaltrainer Jürgen Klinsmann hat eine Lehre als Bäcker absolviert.

38. Hertha BSC hatte im Jahre 2001 die Möglichkeit, den späteren Weltfußballer Ronaldinho zu verpflichten. Sie entschieden sich stattdessen jedoch für Marcelinho.

39. Der Bremer Ivan Klasnic erzielte insgesamt fünf Tore in der Champions League. Und zwar alle gegen den RSC Anderlecht.

40. Ununterbrochen in der ersten spanischen Liga spielten bis heute nur der FC Barcelona, Real Madrid und Athletic Bilbao.

41. Andreas Neuendorf lief mit seinem Künstlernamen „Zecke“ auf dem Trikot auf. Weil er einst aufgrund eines Zeckenbisses ins Krankenhaus eingeliefert wurde, nannte man ihn daraufhin Zecke. Im Jahre 2004 malte er schließlich zwei Bilder, unterschrieb diese mit seinem Spitznamen und verkaufte sie. Von da an galt er als offizieller Künstler, woraufhin er sich seinen Künstlernamen in den Pass schreiben ließ.

42. Der ehemalige Bundesliga-Stürmer Axel Kruse wurde im Alter von 33 Jahren Kicker bei Berlin Thunder in der American Football-Liga NFL Europe.

43. Während eines Werbedrehs für den DFB brach sich Torwart Kevin Trapp einmal den Mittelhandknochen.

44. Sein erstes Länderspiel bestritt Uwe Seeler als 17-Jähriger.

45. Zwischen 1998 und 2003 gab es viele „Willis“ beim SC Freiburg. Neben den Georgiern Alexander Iaschwili, Lewan Kobiaschwili und Lewan Zkitischwili spielte auch ein Deutscher „Willi“ bei den Breisgauern, nämlich Tobias Willi. Der letzte „Willi“ im Verein war schließlich Otar Chisaneischwili, der 2008 den Verein verließ.

46. Zwischen 2008 und 2011 spielte Ollé Ollé beim SC Freiburg. Für viel Euphorie bei den Fans sorgte er jedoch nicht. Er bestritt nur elf Spiele für die Freiburger.

47. Bis Ende 2001 erhielt der Terrorist Osama bin Laden Stadionverbot beim FC Arsenal.

48. Rekordhalterin bei der Auszeichnung Weltschiedsrichterin des Jahres ist die Deutsche Bibiana Steinhaus. Zwischen 2013 und 2018 gewann sie vier Mal.

49. Der erste asiatische WM-Teilnehmer war Niederländisch-Indien (heute Indonesien) bei der WM 1938.

50. Christoph Kramer erlitt nicht nur während des WM-Finals 2014 eine Gehirnerschütterung. Bereits fünf Gehirnerschütterungen hat Kramer in seiner Profikarriere hinter sich.

51. Im Jahre 2008 stand Jürgen Klopp ganz oben auf der Trainerliste des HSV. Die Verantwortlichen entschieden sich aber gegen den späteren Welttrainer des Jahres, unter anderem wegen seines „flapsigen Umgangs mit der Presse", seiner „Unpünktlichkeit" und seiner „Löcher in den Jeans".

52. Jérome Boateng ließ sich bei seinem Wechsel zu Manchester City 2010 im Vertrag zusichern, dass der Verein den Schiff-Transport seines Hundes nach England organisiert.

53. In Spanien wird Bayer Leverkusen auch „Las Aspirinas" genannt.

54. Lothar Matthäus hat den Beruf des Raumausstatters erlernt.

55. Die nordirische Fußball-Legende George Best kommentierte einst seinen extravaganten

Lebensstil mit den Worten: „Ich habe viel Geld für Alkohol, Frauen und schnelle Autos ausgegeben, den Rest habe ich einfach verprasst".

56. Als Gerd Müller mit dem FC Bayern noch in der 2. Liga spielte, hatte er nebenbei einen Teilzeitjob als Möbelpacker.

57. Der beste Elfmeter-Killer bei Weltmeisterschaften ist der Argentinier Sergio Goycoechea mit fünf gehaltenen Elfern.

58. In England wird Bayer Leverkusen oft „Neverkusen" genannt.

59. Den Rekord für die meisten Auszeichnungen zum Welttorhüter des Jahres teilen sich Manuel Neuer, Gianluigi Buffon und Iker Casillas mit jeweils fünf Triumphen.

60. Thomas Müller und Claudio Pizarro besitzen ein gemeinsames Rennpferd namens „Don Jupp", benannt nach Triple-Trainer Jupp Heynckes.

61. Im UEFA-Cup-Spiel gegen Austria Wien in der Saison 2003/2004 zog sich BVB-Spieler Otto Addo einen Kreuzbandriss und eine Verletzung am Innenmeniskus zu. Trotzdem spielte er mit diesen schweren Verletzungen weiter und erzielte sogar den 1:0-Siegtreffer.

62. Seine Frau Sylwia lernte Nationalstürmer Miroslav Klose im Fanshop des 1. FC Kaiserslautern kennen.

63. Bis zum Alter von 20 Jahren spielte WM-Rekordtorschütze Miroslav Klose noch in der Bezirksliga bei der SG Blaubach-Diedelfopf.

64. Der erste Schweizer, der je die Champions League gewann war 1997 der Dortmunder Stéphane Chapuisat.

65. Das „Mutterland des Fußballs" England hat bisher nur zwei Endspiele erreicht, nämlich das WM-Finale 1966 und das EM-Finale 2021.

66. Der ehemalige brasilianische Nationaltorhüter Rogério Ceni erzielte in seiner Karriere über 60 Tore für seinen FC Sao Paulo.

67. Das allererste Trikot von Borussia Dortmund war blau-weiß gestreift.

68. Der ehemalige Nationalspieler Zoltan Sebescen musste aufgrund eines Zeckenbisses und der daraus resultierenden Borrelioseinfektion bereits mit 29 seine Karriere beenden.

69. Jürgen Klopp wurde beim „Karnevalsverein" Mainz 05 am Rosenmontag 2001 zum Trainer ernannt.

70. Das einzige Mal, als alle vier britischen Nationen (England, Schottland, Wales, Nordirland) bei einer WM teilnahmen, war 1958 in Schweden.

71. Mit nur einem Punkt scheiterten Jürgen Klopp und Mainz 05 in der Saison 2001/2002 am Aufstieg in die 1. Liga. Ein Jahr später scheiterten sie mit nur einem Tor am Aufstieg. Wiederum

ein Jahr später gelang dann endlich der Aufstieg in die Bundesliga und zwar mit nur 54 Punkten, welche ein Jahr zuvor locker für den Aufstieg gereicht hätten.

72. Der deutsche Teilnehmer der ersten Champions League-Saison 1992 war nicht etwa Rekordmeister Bayern München, sondern der VfB Stuttgart.

73. Seit 2014 neues Mitglied in der UEFA, trägt Fußballzwerg Gibraltar seine Qualifikationsspiele im portugiesischen Faro aus.

74. Mit zehnminütiger Verspätung kam der jugoslawische Stürmer Rajko Mitic beim WM-Spiel 1950 zwischen Brasilien und Jugoslawien aufs Feld, nachdem er sich an der Kabinentür den Kopf stieß. Da er aufgrund einer Platzwunde genäht werden musste und der Schiedsrichter nicht warten wollte, fing das Spiel zunächst ohne ihn an.

75. Bei der Beerdigung von George Best im Jahre 2005 wurde ein Plakat aufgehängt, auf dem stand: „Maradona: GOOD. Pelé: BETTER. George: BEST".

76. Der langjährige Sky-Moderator Sebastian Hellmann ist Fan von Arminia Bielefeld.

77. Als Slawomir Peszko 2011 seinen Medizincheck beim 1. FC Köln absolvierte, entdeckten die Ärzte, dass er vier statt nur zwei Nieren besitzt.

78. Der tschechische Superstar Pavel Nedved war sich 1996 eigentlich schon mit dem MSV Duisburg über einen Wechsel einig. Da er aber

bei der anschließenden EM in England so gut spielte zog er das Interesse von sämtlichen Top-Clubs auf sich. Schließlich wechselte er für 7,5 Millionen Mark zu Lazio Rom.

79. Bei einem Pokerturnier innerhalb der deutschen Nationalmannschaft bei der WM 1982 gewann Torwart Eike Immel einmal 40.000 Mark.

80. Rolf Kahn, der Vater von Oliver Kahn, spielte in den 1960er-Jahren in der Bundesliga für den KSC.

81. Die 1980er-Jahre Frisur „Vokuhila" wird in Dänemark „Bundesligafrisur" genannt.

82. Der isländische Rekordtorschütze Eiour Gudjohnsen (unter anderem für Chelsea und Barcelona aktiv) wurde im April 1996 (damals 17 Jahre alt) bei einem Länderspiel für seinen Vater Arnor (damals 34) eingewechselt.

83. Nationalstürmer Dieter Müller wurde von der Boulevardpresse manchmal „Bierfass" genannt wegen seines Hangs zum Zunehmen.

84. Lukas Podolski betreibt in und um Köln fünf Dönerläden, zwei Eisdielen und zwei Burgerläden.

85. Im Jahre 1973 bezahlte Jägermeister 500.000 Mark an Eintracht Braunschweig, um auf deren Trikots zu werben. Aufgrund des damals bestehenden Verbotes für Trikotwerbung machte Braunschweig stattdessen das Markenlogo des Likör-Herstellers zum neuen Vereinslogo und umging somit das Verbot.

86. England erreichte erstmal drei Mal ein WM-Halbfinale.

87. Den Rekord für die meisten Tore in einem einzigen Spiel für den DFB hält Gottfried Fuchs. Beim 16:0-Sieg gegen Russland im Jahre 1912 traf Fuchs zehn Mal.

88. Trotz eines überragenden Jahres wurde Michael Ballack 2002 in fünf verschiedenen Wettbewerben nur Zweiter: Das DFB-Pokalfinale verlor er mit Leverkusen gegen Schalke. In der Meisterschaft scheiterte er mit Leverkusen nur knapp am BVB. Im Champions League-Finale setzte es eine knappe 1:2-Niederlage gegen die Königlichen von Real Madrid. Bei der WM in Japan und Südkorea wurde er mit Deutschland Vizeweltmeister (im Finale war er aufgrund einer Gelbsperre nicht dabei). Und auch in der Torjägerliste der Bundesliga wurde er nur Zweiter.

89. Trainer-Legende Christoph Daum hat seine Frau Angelica im Mittelkreis des Kölner Stadions geheiratet.

90. In seinen sechs Jahren bei Werder Bremen kam der Brasilianer Ailton nur ein einziges Mal pünktlich aus dem Weihnachtsurlaub zurück.

91. Die erste Ausgabe des „aktuellen Sportstudios" im ZDF fand auch am Abend des ersten Bundesliga-Spieltages statt.

92. Nachdem er sich eine Autoantenne in die Nase bohrte, nahm der ehemalige Wolfsburger

Charles Akonnor unwissentlich ein auf der Dopingliste stehendes Medikament. Der Stürmer wurde daraufhin für drei Spiele gesperrt.

93. Nach nur vier Minuten wurde 2009 das Spiel Gigant Belene gegen Byala Slatina in Bulgarien abgebrochen. Der Gastgeber startete mit nur acht Spielern. In den ersten Minuten verletzten sich zwei weitere Spieler, und da eine Mannschaft mindestens sieben Spieler auf dem Feld haben muss, wurde das Spiel beendet.

94. Cristano Ronaldo heißt mit vollem Namen Cristiano Ronaldo dos Santos Aveiro. Den Namen „Ronaldo“ erhielt er von seinem Vater, weil dieser ein Fan des ehemaligen Schauspielers und US-Präsidenten Ronald Reagan war.

95. Fünf Treffer an der legendären Torwart des „aktuellen Sportstudios“ gelangen bisher acht Personen: Günter Netzer, Matthias Becker, Frank Pagelsdorf, Reinhard Saftig, Rudi Völler, Frank Rost, Rolf Finger und Günter Herman.

96. „Brillenträger des Jahres 2008“ war Jürgen Klopp.

97. Thorsten Legat sagte einst nach seiner Ankunft beim VfB Stuttgart: „Spätzle hab ich noch nicht probiert. Aber im Allgemeinen mag ich Geflügel“.

98. Der erste Brasilianer in der Bundesliga (Zézé) ließ sich in den 1960er-Jahren wegen einer „Schneeallergie“ krankschreiben.

99. Zwischen 1922 und 1970 war Frauenfußball in England verboten.

100. Als Dieter Müller 1991 sein Abschiedsspiel plante, fragte er bei Diego Maradona an, ob er auch kommen wollte. Maradona antwortete, dass er nur dabei sei, wenn er einen Porsche bekäme. Letztendlich fand das Spiel ohne den Argentinier statt.

101. Der einzige deutsche Bundestrainer ohne WM-Teilnahme war Erich Ribbeck.

102. Als „Jahrhundertspiel" wird das WM-Halbfinale 1970 zwischen Italien und Deutschland bezeichnet. Erst in der letzten Minute der regulären Spielzeit gleichte Karl-Heinz Schnellinger für Deutschland zum 1:1 aus. In der Verlängerung fielen dann noch fünf Tore. Nach einem spektakulären Fight beider Teams zog Italien schließlich mit einem 4:3 ins Endspiel ein.

103. In seiner Kindheit schlief Michael Ballack in Bettwäsche von Werder Bremen.

104. Frankfurts Trainer Dietrich Weise erklärte seinem Spieler Wolfgang Kraus Ende 1986, dass er in der Rückrunde nicht mehr mit ihm plane und er sich einen neuen Verein suchen solle. Er wusste jedoch nicht, dass Kraus ab der nächsten Saison zum Manager des Vereins aufsteigen sollte. Das wurde er tatsächlich. Weise hingegen wurde noch in der laufenden Saison gefeuert.

105. Weltmeister Andreas Möller spielte insgesamt drei Mal für Eintracht Frankfurt. Von 1985 bis 1987, von 1990 bis 1992 und in

der Saison 2003/2004. Nach dieser Saison beendete Möller schließlich seine Karriere und Frankfurt stieg ab.

106. Andreas Möller bekam in seiner Karriere viele Spitznamen verpasst, unter anderem: „Heulsuse“, „Turbo“, „Judas“ oder auch „Heintje“.

107. Als Jens Lehmann zwischen 2008 und 2010 beim VfB Stuttgart spielte, wohnte er am Starnberger See. Zum Training flog der frühere Nationaltorwart dabei oftmals mit dem Hubschrauber und zwar weil die Autobahn A8 ständig verstopft war.

108. Von den „sport1.de“-Usern wurde Eintracht-Legende Uwe Bein einmal zum besten Mittelfeldspieler aller Zeiten gewählt. Bein war bekannt für seine tödlichen Pässen.

109. Seit 2008 dürfen die Amateurteams der Bundesligisten nicht mehr am DFB-Pokal teilnehmen.

110. Das einzige Stadion, welches je zwei Mal Austragungsort eines Eröffnungs- und eines Finalspieles bei Weltmeisterschaften war, ist das Aztekenstadion in Mexico-City.

111. Real Madrids Superstar Luís Figo wurde bei seiner Rückkehr nach Barcelona, wo er zuvor fünf Jahre lang spielte, von den Barca-Fans übel beschimpft. Es wurde sogar während des Spiels ein Schweinekopf nach ihm geworfen.

112. Weil er zu oft an roten Ampeln hielt, wurde der Busfahrer der Frankfurter Eintracht einst von Trainer Horst Ehrmanntraut entlassen.

113. Während der ersten zwei Wochen der Heim-WM 2006 boykottierte Lukas Podolski die ARD. Podolski war nicht einverstanden mit der Parodie „Das WM-Tagebuch von Lukas Podolski“ vom damals noch eher unbekannten Komiker Jan Böhmermann. Später scheiterte der Stürmer sogar vor Gericht, als er versuchte, eine Unterlassungsklage gegen Böhmermann zu erwirken.

114. Der langjährige „Doppelpass"-Moderator Jörg Wontorra saß von 1999 bis 2003 im Aufsichtsrat von Werder Bremen.

115. Das erste deutsche Eigentor bei Weltmeisterschaften erzielte Berti Vogts 1978 in Argentinien. Bei der „Schmach von Cordoba" gegen Österreich gelang ihm dieser unrühmliche Premierentreffer.

116. Etwa zehn Prozent der isländischen Bevölkerung reiste 2016 nach Frankreich, als ihr Land das Viertelfinale der EM erreichte.

117. Torwart-Legende Oka Nikolov war von 1991 bis 2013 aktiver Spieler von Eintracht Frankfurt. Oftmals nur Ersatztorwart (unter anderem hinter Uli Stein, Andreas Köpke und Kevin Trapp) kam der Bulgare dennoch auf 379 Spiele für die Eintracht.

118. Jahrhundertfußballer Pelé und dessen Verein FC Santos waren sich 1964 eigentlich schon mit

Hannover 96 einig über einen Wechsel. Dieser scheiterte jedoch, weil der brasilianische Staat den Spieler zum Staatseigentum erklärte und ihn nicht ins Ausland wechseln ließ. Erst im Jahre 1975 wechselte Pelé dann tatsächlich und zwar zu Cosmos New York.

119. Das letzte Fußballspiel in Deutschland mit 100.000 Zuschauern fand am 9. September 1956 im Leipziger Zentralstadion statt und zwar zwischen SC Rotation Leipzig und SC Lokomotive Leipzig.

120. Kein anderer Verein stellte mehr Spieler in einem WM-Halbfinale als der FC Bayern 2010. Insgesamt waren damals elf Bayernspieler im Halbfinale vertreten und zwar: Schweinsteiger, Müller, Gómez, Lahm, Kroos, Badstuber, Butt, Klose, Robben, van Bommel und Braafheid.

121. VfB-Abwehrspieler Karlheinz Förster wurde in den Medien oftmals der „Treter mit dem Engelsgesicht“ genannt. Dabei hatte er in seiner Karriere bloß eine Rote Karte erhalten.

122. Ex-Bundestrainer Joachim Löw und Freiburgs Coach Christian Streich spielten einst gemeinsam für den SC Freiburg. In der Saison 1987/1988 spielte Streich dort im Mittelfeld und Löw im Sturm.

123. Fritz Walter gab im Jahre 1938 als 18-Jähriger sein Debüt für den 1. FC Kaiserslautern.

124. Die Eltern von Fritz Walter verordneten ihrem Sohn einst eine Fresskur, weil er für viele Trainer als zu schmächtig galt.

125. Nach einer Niederlage Englands gegen Deutschland im Jahr 1983 nahmen die britischen Künstler Alan & Denise einen Song zu Ehren von Karl-Heinz Rummenigge auf mit dem Titel: „Sexy knees“.

126. Borussia Dortmund war 2001 an Ronaldinho interessiert. Da er einen Wechsel zum BVB als zu großen Schritt empfand, wechselte er stattdessen zu Paris St. Germain und zwei Jahre später zum FC Barcelona, wo er zwei Mal Weltfußballer des Jahres wurde.

127. Fritz Walter wurde vom Historiker Joachim Fest einst als einer von drei Gründungsvätern der Bundesrepublik Deutschland bezeichnet: „Politisch ist es Adenauer, wirtschaftlich ist es Ludwig Erhard und mental ist es Fritz Walter. Eigentlich war 1954, der 4. Juli, das Gründungsdatum der Bundesrepublik".

128. Im Jahre 1987 nahm Thomas Häßler an der Militär-WM in Italien teil und wurde Zweiter. Drei Jahre später holte er schließlich mit der A-Nationalmannschaft im selben Land den Weltmeistertitel.

129. Die erste Gelb-Rote Karte bei Weltmeisterschaften erhielt der Bolivianer Luis Cristaldo 1994 in den USA.

130. Als Belohnung für den EM-Titel bekamen die deutschen Fußball-Frauen 1989 vom DFB jeweils ein Kaffeeservice geschenkt.

131. In Deutschland gilt das Gesetz, dass ein Fußballfeld baumfrei sein muss.

132. Lukas Podolski wurde in Polen geboren und zog erst 1987 nach Deutschland.

133. Die Deutsche Akademie für Fußballkultur kürte 2008 den Spruch „Fußball ist wie Schach – nur ohne Würfel" zum Fußballerzitat des Jahres. Ursprünglich von Böhmermann in seiner Podolski-Parodie ausgesprochen, wurde dieses Zitat jedoch Podolski selbst zugesprochen.

134. Sport-Moderator Matthias Opdenhövel war einige Zeit der Stadionsprecher von Borussia Mönchengladbach.

135. Torwart-Legende Gabor Kiraly von Hertha BSC fuhr stets mit seinem alten Mini zum Training.

136. Obwohl Kaiserslautern im Mai 1996 offiziell aus der Bundesliga abstieg, gewann der Verein eine Woche später noch den DFB-Pokal gegen Karlsruhe.

137. Bei einem Länderspiel zwischen Brasilien und Deutschland im Jahre 1987 wurde Franco Foda eingewechselt. Die Zuschauer im Stadion lachten sich kaputt, weil sein Name auf Brasilianisch in etwa so viel bedeutet wie „kostenlos ficken".

138. Gerry Ehrmann, Kult-Torwart von Kaiserslautern, gründete **1996** eine Torwartschule, in der unter anderem Roman Weidenfeller, Kevin Trapp und Tim Wiese ausgebildet wurden.

139. Das letzte Länderspiel bestritt die DDR im September 1990 gegen Belgien. Matthias Sammer schoss beim 2:0-Sieg beide Tore.

140. Der WM-Torschützenkönig 1990 (der Italiener Toto Schillaci) hatte vor dem Turnier kein einziges Länderspiel bestritten.

141. Bei der Wahl zu Europas Fußballer des Jahres 1972 belegten drei Deutsche die ersten drei Plätze. 1. Franz Beckenbauer, 2. Gerd Müller, 3. Günter Netzer.

142. Lothar Matthäus, Weltmeister 1990, Weltfußballer 1991 und einer der besten Fußballer der Geschichte, hat niemals den Europapokal der Landesmeister bzw. die Champions League gewonnen. 1987 und 1999 verlor er jeweils knapp das Finale mit dem FC Bayern.

143. Thierry Henry wurde öfter zu Frankreichs Fußballer des Jahres gewählt (fünf Mal) als die Legende Zinedine Zidane (zwei Mal).

144. Der erste offizielle Weltfußballer des Jahres war Lothar Matthäus im Jahre **1991**. Bereits ein Jahr vorher wurde er schon zum inoffiziellen Weltfußballer des Jahres gewählt.

145. Die erste Fußball-WM 1930 fand in Uruguay statt. In Wirklichkeit jedoch nur in einer einzigen Stadt und zwar in der Hauptstadt Montevideo.

146. Die einzigen Goldmedaillen, die Uruguay bei Olympischen Spielen errang, gewannen sie im Fußball und zwar 1924 und 1928.

147. Der Ortsteil Schalke hieß ursprünglich Scedelike.

148. Nur ein paar Tage nach seinem unglücklichen Eigentor im Vorrundenspiel der WM 1994 gegen die USA, welches schließlich zum Ausscheiden seiner Mannschaft führte, wurde der Kolumbianer Andres Escobar in seiner Heimatstadt Medellín erschossen. Der Mörder Humberto Munoz Castro stand in Diensten mächtiger Drogenbosse und war auch für die Wettspielmafia tätig. Nur elf Jahre später wurde er wegen guter Führung aus dem Gefängnis entlassen.

149. Am Abend des WM-Finales 1974 trat Gerd Müller trotzig aus der Nationalmannschaft zurück, weil der DFB den Spielerfrauen den Zutritt zum Siegerbankett verwehrte.

150. In der Champions League-Saison 2005/2006 kassierte Jens Lehmann in all seinen acht Einsätzen kein einziges Gegentor. Im Finale flog er jedoch in der 18. Minute vom Platz wegen einer Notbremse. Sein FC Arsenal verlor das Endspiel mit 1:2 gegen Barca.

151. Bis zu seiner Verpflichtung beim TSV 1860 München dachte Abedi Pelé, er würde zum FC Bayern München wechseln.

152. Einer der legendärsten Fußballerzitate lautete: „Mailand oder Madrid. Hauptsache Italien“. Er kam von Andreas Möller, der tatsächlich von Eintracht Frankfurt zu Juventus Turin wechselte.

153. Gerhard Poschner, Marco Haber und Fredi Bobic nahmen 1997 unter ihrem Bandnamen „Das tragische Dreieck" den legendären Song „Steh auf" auf. Besonders der Refrain „Eo Amama Eo" blieb vielen Fußballfans in Erinnerung.

154. Der kolumbianische Verein Atlético National wurde jahrelang von Drogenbaron Pablo Escobar finanziert.

155. Als der kolumbianische Kokainkönig Pablo Escobar von 1991 bis 1992 im selbstgebauten Gefängnis saß, welches von der Bevölkerung auch oft „La Catredal“, „Club Medellín“ oder „Hotel Escobar“ genannt wurde, besuchten ihn dort unter anderem auch viele kolumbiansche Nationalspieler.

156. Trotz vieler großartiger Generationen und Weltklassespielern hat es noch nie eine afrikanische Nation in ein WM-Halbfinale geschafft.

157. Nur acht verschiedene Länder haben bisher die Weltmeisterschaft gewinnen können.

158. Karl-Heinz Rummenigge gewann 1980 und 1981 den Ballon d'Or.

159. Bereits 21 Mal gewann eine Mannschaft den Europapokal der Landesmeister bzw. die

Champions League, obwohl sie im Vorjahr nicht die nationale Meisterschaft gewinnen konnte.

160. Die schwächste Platzierung, die ein Sieger des Landesmeistercups bzw. der Champions League im Vorjahr erzielte, war der zehnte Platz des FC Bayern in der Saison 1974/1975. Da sie in diesem Jahr jedoch auch den Landesmeisterpokal gewannen, waren sie 1975/1976 automatisch für den Wettbewerb qualifiziert.

161. Vier Mannschaften gewannen bisher die Champions League, nachdem sie in der Vorsaison nur Vierter in der heimischen Liga waren: Der AC Mailand 2002/2003, der FC Liverpool 2004/2005, der FC Liverpool in der Saison 2018/2019 und der FC Chelsea in der Saison 2020/2021.

162. Bei den 13 bisherigen Erfolgen von Real Madrid im Europapokal der Landesmeister bzw. der Champions League traten sie sechs Mal nicht als amtierender Meister an.

163. Außer 1930 und 1950 stand immer mindestens eine europäische Nation im Finale der Fußball-WM.

164. Rekordspieler der 2. Bundesliga ist Willi Landgraf. Unter anderem für Alemannia Aachen aktiv, kam Landgraf auf 508 Einsätze in der 2. Liga. In der 1. Bundesliga spielte er nie.

165. Zwischen 1954 und 1970 war Frauenfußball in Deutschland offiziell verboten. Trotzdem absolvierte die Frauen-Nationalmannschaft in dieser Zeit 230 inoffizielle Länderspiele.

166. Sportdirektor Udo Lattek sagte einmal über die Leistungen seines FC: „Im Kölner Stadion ist immer so eine gute Stimmung. Eigentlich stört nur die Mannschaft".

167. Als Arne Friedrich 2002 von Rudi Völler in die Nationalmannschaft berufen wurde, hatte er bis dahin erst zwei Bundesligaspiele absolviert.

168. Franck Ribéry wurde öfter zum Fußballer des Jahres in Frankreich gewählt (drei Mal) als die Legende Zinedine Zidane (zwei Mal).

169. Dietmar Hamann bekam einst beim Vereinswichteln in seinem Verein Newcastle United eine Ausgabe von Adolf Hilters Buch „Mein Kampf".

170. Das erste WM-Spiel auf Kunstrasen bestritten 2010 Algerien und die Slowakei.

171. Deutschland stellte am öftesten den Welttorhüter des Jahres. Manuel Neuer, Oliver Kahn und Andreas Köpke gewannen diese Wahl insgesamt neun Mal für Deutschland. Dicht dahinter liegt Italien mit Auszeichnungen für Gianluigi Buffon und Walter Zenga.

172. Die erste Rote Karte bei einer Weltmeisterschaft erhielt der Chilene Carlos Caszely 1974.

173. Die einzigen Nicht-Erstligisten, die jemals den DFB-Pokal gewannen, sind Kickers Offenbach und Hannover 96.

174. Das Eröffnungsspiel der WM 2022 in Katar wird in der Stadt Lusail stattfinden. Bis vor ein paar Jahren existierte diese Stadt noch gar nicht.

175. Keine andere Nation besiegte den WM-Gastgeber so oft wie Deutschland. Insgesamt fünf Mal: 1962 Chile, 1982 Spanien, 1986 Mexiko, 2002 Südkorea und 2014 Brasilien.

176. Beim Eröffnungsspiel der Afrikameisterschaft 2010 stand es zwischen Angola und Mali bis zur 79. Minute 4:0 für Angola. In den letzten elf Minuten plus Nachspielzeit erzielte Mali noch vier Treffer. Das Endergebnis lautete also 4:4.

177. Die vielleicht brutalste WM aller Zeiten fand 1962 in Chile statt. Nach nur acht Vorrundenspielen waren bereits 30 Spieler verletzt.

178. Trainer des VfL Wolfsburg von 1997 bis 2003 war Wolfgang Wolf.

179. Lionel Messi zog im Alter von 13 Jahren nach Barcelona, um in der legendären Fußballakademie „La Masía“ einzutreten.

180. Seit 1949 wird in Deutschland die Meisterschale vergeben.

181. Die französische Legende Zinedine Zidane wurde öfter Weltfußballer des Jahres (drei Mal) als Frankreichs Fußballer des Jahres (zwei Mal).

182. Bis 1912 war es Torhütern erlaubt, in der kompletten eigenen Hälfte den Ball mit der Hand zu berühren.

183. Der bisher letzte deutsche Ballon d'Or Gewinner war 1996 Matthias Sammer.

184. Aufgrund eines kuriosen Eigentores, bei dem ihm der Ball von oben auf den Kopf und schließlich ins Tor fiel, erhielt der Cottbusser Torwart Tomislav Piplica im Jahre 2002 den „Raab der Woche".

185. Der zweite Vorname von Lothar Matthäus lautet Herbert.

186. Der erste Brasilianer, der je für den FC Bayern spielte, war Mazinho 1993/1994.

187. Erling Haaland erzielte bei der U20-WM im Jahre 2019 einmal neun Tore in einem Spiel und zwar beim 12:0 gegen Honduras.

188. In seinem allerersten Profispiel für Molde FK gelangen Erling Haaland vier Tore in 17 Minuten.

189. Der erste Mainzer, der es jemals in die deutsche Nationalmannschaft schaffte, war Manuel Friedrich im Jahr 2006.

190. Beim legendären WM-Halbfinale 1970 gegen Italien spielte Franz Beckenbauer ab der 65. Minute mit einer ausgerenkten Schulter. Da das Auswechselkontingent der Deutschen erschöpft war, musste der Kaiser weiterspielen.

191. Als Dominik Kaiser 2012 zum damals noch unterklassigen RB Leipzig wechselte, ließ er sich

die Prämie von 300.000 Euro in den Vertrag schreiben, sollte er mit dem Verein die Champions League erreichen. 2017 schaffte er es tatsächlich mit Leipzig in die Königsklasse und kassierte die Prämie.

192. Thomas Broich wurde zu Beginn seiner Karriere von Fußball-Deutschland und vor allem von den Medien gerne „Mozart" genannt. Diesen Spitznamen bekam er einst von seinem Mitspieler Thomas Reisinger verpasst, als dieser mit Broich zum Training fuhr und in dessen Auto klassische Musik lief. Dabei war jene Musik gar nicht von Mozart, sondern von Carl Orff.

193. Alfons Beckenbauer, der Onkel des Kaisers, wurde bereits 1932 Deutscher Meister mit dem FC Bayern.

194. Das Maskottchen von Hertha BSC heißt „Hertinho".

195. Die jüngste Torschützin bei einer Frauen-WM war Jelena Danilowa. Bei ihrem Tor bei der WM 2003 war sie gerade einmal 16 Jahre und 96 Tage alt.

196. Pierluigi Collina erhielt zwischen 1998 und 2003 sechs Mal in Folge die Auszeichnung Weltschiedsrichter des Jahres.

197. Bei Weltmeisterschaften sind erst seit 1970 in Mexiko Auswechslungen erlaubt.

198. Bei der WM 2010 in Südafrika war Manuel Neuer der erste Torwart seit 44 Jahren, der einen Scorerpunkt erhielt. Im Achtelfinale

gegen England legte er mit einem weiten Abstoß des 1:0 durch Miroslav Klose auf.

199. Der höchste Sieg bei einer Frauenfußball-WM gelang Deutschland. Mit 11:0 fegten sie 2007 Argentinien vom Platz.

200. Das erste offizielle Länderspiel verlor Deutschland im Jahre 1908 mit 3:5 gegen die Schweiz.

201. Joachim Streich war der erfolgreichste Torschütze der DDR-Oberliga. Der Spieler von Hansa Rostock erzielte in 378 Einsätzen 229 Tore.

202. Der unvergessliche Elfmeter, bei dem Antonin Panenka im EM-Finale 1976 den Ball lässig ins Tor lupfte, war damals bereits der neunte, den er in dieser Saison auf jene Art und Weise verwandelte.

203. Nach ihrem WM-Sieg 1970 wurden alle brasilianischen Nationalspieler für den Rest ihres Lebens von der Steuerpflicht befreit.

204. Bernd Schuster belegte 1994 bei der Wahl zum Tor des Jahres in Deutschland Platz eins, zwei und drei.

205. Der einzige Bundestrainer, der weniger als die Hälfte seiner Spiele gewann, war Erich Ribbeck. Zwischen 1998 und 2000 gewann er nur 10 von 24 Partien. Er hatte es damals aber auch mit der vielleicht schlechtesten deutschen Fußballergeneration aller Zeiten zu tun.

206. Mit 47 Einsätzen im DFB-Team bestritt Karl-Heinz Schnellinger mehr Länderspiele als Bundesligaspiele (19).

207. RB Leipzig hatte 2009 die Chance, den ehemaligen Weltmeister und Weltfußballer Rivaldo von Bunyodkor Taschkent zu verpflichten. Sie entschieden sich jedoch gegen die Verpflichtung.

208. Helmut Haller hat an drei WM-Turnieren für Deutschland teilgenommen (1962, 1966 und 1970), ohne jemals ein Spiel in der Bundesliga zu bestreiten. In seiner Karriere spielte er überwiegend in Italien bei Juventus Turin und dem FC Bologna.

209. In der Saison 2007/2008 bezahlte der damalige Zweitligist TSG 1899 Hoffenheim die Rekordsumme von 7,5 Millionen Euro für den Brasilianer Carlos Eduardo. Dies war die Rekordablösesumme für einen Zweitligisten und zwar bis 2015, als RB Leipzig 8 Millionen für Davie Selke bezahlte.

210. Der erste nicht-europäische Ballon d'Or Gewinner war nicht etwa ein Südamerikaner, sondern ein Afrikaner, nämlich der liberische Stürmer George Weah.

211. Als einzige Nation hat Brasilien an jeder bisherigen Weltmeisterschaft teilgenommen.

212. „Toni, lass es krachen“ hieß ein Song von Stürmer Toni Polster und den „Fabulösen Thekenschlampen“ im Jahre 1997.

213. Der erste Verein in Deutschland, der mit Rückennummern aufs Feld lief, war der 1. FC Nürnberg im Jahre 1953.

214. Wegen schwerer Knieprobleme musste Julian Nagelsmann seine Spielerkarriere bereits mit 20 Jahren beenden. Er wurde daraufhin Scout für den FC Augsburg. Trainer der Augsburger war damals übrigens Thomas Tuchel.

215. Das Maskottchen des VfL Wolfsburg heißt „Wölfi“.

216. Nur drei Spieler der legendären 1954er-Weltmeistermannschaft von Bern kamen in der ab 1963 neu gegründeten Bundesliga zum Einsatz: Helmut Rahn, Max Morlock und Hans Schäfer.

217. Bereits im Alter von 18 Jahren hatte der ehemalige Münchner Xherdan Shaqiri einen Oberschenkelumfang von 60 Zentimetern.

218. Der Spitzname von Sturm-Legende Ulf Kirsten war „der Schwatte“.

219. Den Rekord für die meisten Tore bei einer einzigen EM hält Michel Platini. 1984 erzielte er neun Treffer. Es sollten allerdings auch seine einzigen neun EM-Tore bleiben.

220. Nur zwei Spieler haben über 100 Champions League Spiele bestritten und dabei nie ein Tor erzielt: Philipp Lahm und Alessandro Nesta.

221. Christian Wörns und Willi Schulz haben jeweils 66 Spiele für die deutsche Nationalmannschaft bestritten ohne jemals ein Tor zu erzielen.

222. Bei der Auszeichnung zum Weltschiedsrichter des Jahres waren die Italiener bisher am erfolgreichsten. Pierluigi Collina, Roberto Rosetti, Nicola Rizzoli und Daniele Orsato gewannen zusammen zehn Mal diese Auszeichnung für Italien.

223. Bei der WM 2002 in Japan und Südkorea schied der amtierende Welt- und Europameister und gleichzeitige Top-Favorit auf den WM-Titel Frankreich ohne ein einziges Tor und mit nur einem Punkt in der Vorrunde aus.

224. Alle bisherigen 35 EM-Teilnehmer haben bereits mindestens ein Tor bei Europameisterschaften erzielt.

225. Den Rekord für die meisten WM-Teilnahmen im Frauenfußball teilen sich Birgit Prinz, Homare Sawa (Japan), Kristine Lilly (USA), Formiga (Brasilien) und Bente Nordby (Norwegen) mit jeweils fünf Teilnahmen.

226. Nach der Niederlage im 1990er WM-Halbfinale gegen Deutschland wischte sich Paul Gascoigne mit seinem Trikot die Tränen aus dem Gesicht. 14 Jahre später wurde dieses Trikot für 42.000 Euro versteigert.

227. Die höchste Niederlage in ihrer WM-Historie kassierten die Engländer 2010 im Achtelfinale gegen Deutschland (1:4).

228. In der Saison 1937/1938 stieg der amtierende englische Meister Manchester City in die 2. Liga ab. Und das auch noch mit der besten Offensive der Liga und einem insgesamt positiven Torverhältnis (80:77 Tore).

229. Wegen des SARS-Virus sprang 2003 die USA als Austräger der Frauen-WM für China ein. Dadurch war die USA zwei Mal in Folge Ausrichter einer Frauen-WM.

230. Joachim Löw hält den Rekord für die meisten Länderspiele (198) als deutscher Nationaltrainer.

231. Diego Armando Maradona wurde nur einmal zum Weltfußballer des Jahres gewählt und zwar 1986. Allerdings war diese Wahl bis 1990 sowieso nur inoffiziell.

232. Das einzige WM-Finale, in dem kein Tor fiel, war das Endspiel 1994 zwischen Brasilien und Italien. Erst beim Elfmeterschießen fielen die Tore.

233. Thomas Häßlers Bruder Andreas war ebenfalls ein talentierter Fußballer und auf dem Weg, ein Profi zu werden. Im Alter von 17 Jahren starb er jedoch an Leukämie.

234. Die beste Torschützin bei einer einzigen WM der Frauenfußballer war Michelle Akers. Der US-Amerikanerin gelangen 1991 insgesamt zehn Tore.

235. Weil er angeblich einen Zöllner am Frankfurter Flughafen angefurzt haben soll, bekam der Japaner Takashi Inui einst einen Strafbefehl in Höhe von 250 Euro.

236. Das Maskottchen der TSG 1899 Hoffenheim heißt „Hoffi“.

237. Das Maskottchen von Eintracht Frankfurt (ein Steinadler) trägt den Namen Attila. Seine eigene Autogrammkarte enthält sogar einen Krallenabdruck.

238. Nur vier Nicht-Europäer bekamen bisher die Auszeichnung Weltschiedsrichter des Jahres. 1987 der Brasilianer Romualdo Arppi Filho, 1990 der Brasilianer José Roberto Wright, 2006 der Argentinier Horacio Elizondo und 2018 der Argentinier Néstor Pitana.

239. Die einzige WM, an der der Titelverteidiger nicht teilnahm, war Uruguay 1934 in Italien.

240. Mit 16 Toren erzielte Deutschland bei der WM 2010 doppelt so viele Treffer wie der Weltmeister Spanien.

241. Nur eine Nation wurde sowohl als Europameister Weltmeister und als Weltmeister Europameister: Spanien (EM-Sieger 2008, WM-Sieger 2010, EM-Sieger 2012).

242. Die torreichste WM fand 1954 in der Schweiz statt. Ganze 5,38 Tore fielen pro Spiel.

243. Paul Breitner spielte im Jahre 1976 in einem Western namens „Potato Fritz“ mit.

244. Die einzigen Spieler, die als Vater und Sohn für zwei verschiedene Nationen bei einer WM spielten waren Martin und José Vantolra. Martin spielte bei

der WM 1934 für Spanien, sein Sohn José 1970 für Mexiko.

245. Francisco Copado war während seiner Zeit bei Tennis Borussia Berlin innerhalb von drei Monaten vier Mal suspendiert worden.

246. Rekordtorschützin der deutschen Frauen-Nationalmannschaft ist Birgit Prinz mit 128 Treffern.

247. Das Maskottchen des RB Leipzig heißt „Bulli".

248. SC Freiburg-Trainer Christian Streich wohnt nur 300 Meter vom Stadion entfernt.

249. Zwischen 1978 und 1982 spielten zwei Freiburger Vereine in der 2. Liga. Der SC Freiburg und der Freiburger FC. Beide haben die Vereinsfarben Rot und Weiß.

250. Der erste Nationalspieler des SC Freiburg war Jens Todt 1994.

251. Carlo Ancelotti spielte einst in dem Film „Keiner haut wie Con Camillo" an der Seite von Schauspieler-Legende Terence Hill. Ebenfalls in diesem Film wirkte der damalige italienische Fußballstar Roberto Boninsegna mit.

252. Obwohl er damals schon drei Einsätze in der Bundesliga vorzuweisen hatte, begann Dennis Aogo ein Freiwilliges Soziales Jahr in einem Altenheim.

253. Der erste westliche Film, der jemals im nordkoreanischen Fernsehen gezeigt wurde, war „Kick it like Beckham".

254. Harry Decheiver, unter anderem Stürmer beim SC Freiburg, betrieb nach seinem Karriereende eine Videothek.

255. Eintracht-Legende Jay-Jay Okocha ist der Onkel vom FC Everton-Spieler Alex Iwobi.

256. Skisprung-Legende Sven Hannawald ist Fan vom SC Freiburg.

257. Kein Verein wurde öfter Erster in der 2. Liga als der SC Freiburg (vier Mal).

258. Jürgen Klinsmann war ab dem 27. November 2019 für sagenhafte 76 Tage Trainer bei Hertha BSC. Seinen Rücktritt verkündete der ehemalige Nationaltrainer über Facebook.

259. Der einzige Spieler des deutschen WM-Kaders 2010, der keinen einzigen Einsatz hatte, war Ersatztorwart Tim Wiese.

260. Bei der WM 2026 wird es erstmals drei Gastgeber geben: USA, Mexiko und Kanada.

261. Lothar Matthäus war einst mit Maren, der Tochter von Mannschaftsarzt Dr. Müller-Wohlfahrt, liiert.

262. Reiner Calmund brachte 2011 das Buch mit dem Titel „Eine Kalorie kommt selten allein" heraus.

263. Die einzigen drei Schiedsrichter, die bisher als Weltschiedsrichter des Jahres ausgezeichnet wurden, sind Aron Schmidhuber (1992), Dr. Markus Merk (2004, 2005 und 2007) sowie Dr. Felix Brych (2017).

264. Renato Sanches hätte dem FC Bayern insgesamt bis zu 85 Millionen Euro Ablöse kosten können. Dazu hätte er jedoch unter anderem Weltfußballer werden müssen.

265. Legia Warschau verlängerte den Vertrag mit dem damals 17-jährigen Lewandowski nicht, weil die Verantwortlichen ihn für zu schmächtig hielten.

266. Die höchste Zuschauerzahl bei einem Spiel der Frauen-WM betrug 90.185 und zwar beim Spiel USA gegen China bei der WM 1999 in den Vereinigten Staaten (im Stadion von Pasadena).

267. Oliver Kahns Bruder Axel absolvierte fünf 2. Ligaspiele für den KSC.

268. Souleymane Sané, Vater von Leroy Sané, wurde einst bei einem Pokalspiel gegen den HSV rassistisch beleidigt. Er gewann das Spiel mit Wattenscheid und erzielte kurz vor Schluss selbst das entscheidende Tor. Anschließend sagte er im Interview: „Nix Neger raus, HSV ist raus!“.

269. Club-Präsident Michael A. Roth feierte im Jahr 1981 vier Trainer.

270. Klaus Fischer war in seiner Jugend Europameister im Eisstockschießen.

271. Schalke 04 wurde bereits zwei Mal von einem ehemaligen Champions League Sieger Trainer trainiert. Zwischen 2003 und 2004 von Jupp Heynckes (CL-Sieger mit Real Madrid) und zwischen 2014 und 2015 von Roberto Di Matteo (CL-Sieger mit Chelsea).

272. Deutsche Rekordnationalspielerin ist Birgit Prinz mit 214 Einsätzen.

273. Der erste afrikanische Olympiasieger im Fußball war Nigeria im Jahre 1996 in Atlanta (USA).

274. Oliver Kahn drehte 2009 eine Torwart-Casting-Show in China mit dem Titel: „Kahn – das Treffen am Drachentor".

275. Der ehemalige französische Mittelfeldstratege Johan Micoud von Werder Bremen ist heutzutage Winzer.

276. Politik-Legende Gregor Gysi ist Fan von Union Berlin.

277. Der Spitzname von Werder Bremens Legende Uli Borowka war „die Axt".

278. Das Maskottchen des FC Augsburg heißt „Lukas der Lokomotivführer".

279. In der Nationalmannschaft spielten bisher insgesamt sechs Brüderpaare: Karl-Heinz und Michael Rummenigge, Thomas und Klaus Allofs, Fritz und Ottmar Walter, Erwin und Helmut Kremers, Karlheinz und Bernd Förster

und zuletzt die Bender Zwillinge Lars und Sven.

280. Im Achtelfinale des DFB-Pokals 1977 musste der FC Bayern gegen sein eigenes Amateurteam antreten. Die Profis gewannen 5:3.

281. Der Spitzname „Club“ begleitet den 1. FC Nürnberg bereits seit den 1920er-Jahren. Der Club war damals so erfolgreich, dass er praktisch als Inbegriff eines Fußballclubs galt.

282. Der Stuttgarter Stürmer Fritz Walter, 1992 Deutscher Meister mit dem VfB, wuchs in seiner Kindheit in Mannheim neben dem 1954er Weltmeistertrainer Sepp Herberger auf.

283. Als der alkoholkranke Cheftrainer Branko Zebec einst betrunken in der Kabine lag, hinderten seine Spieler die Reporter daran, Fotos von ihm zu machen. Sie wickelten ihn in einem Teppich ein und verstauten diesen in einem Kofferraum und fuhren davon.

284. Bei der WM 2002 spielten Youri Djorkaeff und Diego Forlan (Frankreich gegen Uruguay) gegeneinander. Bei der WM 1966 spielten ihre beiden Väter Jean Djorkaeff und Pablo Forlan ebenfalls gegeneinander.

285. Der Südafrikaner Sean Dundee vom KSC wurde aufgrund seiner Knipser-Qualitäten auch „Crocodile Dundee“ genannt.

286. Die Autobiografie von Uwe Seeler trägt den Titel „Danke, Fußball“.

287. Bei der Fußball-WM 1950 war eigentlich Indien für das Turnier qualifiziert. Sie sagten jedoch das Turnier ab, weil sie dort nicht barfuß spielten durften.

288. Bastian Schweinsteiger war als Jugendlicher auch Skifahrer und besiegte sogar mehrmals Felix Neureuther in einem Rennen.

289. Hollywood-Ikone Marylin Monroe war mal für einen Tag das Maskottchen von Hapoel Tel Aviv.

290. Ein deutscher Fußball-Nationalspieler benötigte im Jahre 2005 durchschnittlich 2,8 Sekunden von der Ballannahme bis zur Ballweitergabe. Im Jahre 2010 waren es nur noch 1,1 Sekunden.

291. Der niederländische Ex-Nationalspieler Mark van Bommel heißt mit vollständigem Namen Mark Peter Gertruda Andreas van Bommel.

292. Die Autobiografie von Franz Beckenbauer heißt „Ich".

293. Gerd Müller war gelernter Weber.

294. Das offizielle Wappentier des 1. FC Köln ist der Geißbock Hennes. Der erste Geißbock wurde damals, im Jahre 1950, von der Zirkusdirektorin Carola Williams an den Club überreicht. Ursprünglich als Scherz gedacht, ist der Geißbock heute nicht mehr wegzudenken.

295. Da Gerald Asamoah an einer Herzschwäche leidet, konnte er nur Fußball spielen, solange sich ein

funktionsfähiger Defibrillator am Spielfeldrand befand.

296. Vom „Express" wurde Dieter Müller zum Stürmer des Jahrhunderts in Köln gewählt. Mit 177 Toren liegt Müller auf Platz neun der ewigen Torschützenliste der Bundesliga.

297. Die erste Rasenheizung in einem deutschen Stadion wurde 1972 im Münchner Olympiastadion verlegt.

298. In der Bundesliga zwar unter den besten zehn der ewigen Torschützenliste, bestritt der Kölner Dieter Müller jedoch nur zwölf Spiele für die deutsche Nationalmannschaft. Bei der EM 1976 wurde er immerhin Torschützenkönig.

299. Insgesamt 15 Jahre war Toni Schumacher für den 1. FC Köln aktiv. Nach seinen darauffolgenden Stationen bei Schalke 04 und Fenerbahce Istanbul beendete er 1992 als Übergangstorwart beim FC Bayern seine Karriere. Aufgrund der Verletzungen von Raimond Aumann und Sven Scheuer benötigten die Bayern damals einen Ersatztorwart mit Erfahrung. In der Saison 1995/1996 betrat Schumacher allerdings noch einmal für ein paar Minuten den Platz. Als Torwarttrainer bei Borussia Dortmund aktiv, ließ er sich am letzten Spieltag beim 3:2 gegen Freiburg in der 88. Minute noch einmal selbst einwechseln. Dadurch wurde er schließlich zum zweiten Mal als Spieler Deutscher Meister.

300. 1990er Weltmeister Thomas Häßler hat Schuhgröße 38.

301. Der erste Franzose, der für den VfB Stuttgart spielte (Gilbert Gress), ließ sich eine Klausel in den Vertrag setzen, dass er montags nicht arbeiten bzw. trainieren müsse, weil er an diesen Tagen seine Eltern in Straßburg besuchen wollte.

302. Louis van Gaal wird von seinen eigenen Kindern gesiezt. Er selbst hat seine eigene Mutter auch stets gesiezt.

303. Im Jahre 1970 fuhr Franz Beckenbauer als Kapitän des FC Bayern nach Köln, um dort offiziell einen neuen Trainer für den FCB zu verpflichten. Der damals 35-jährige Udo Lattek gab sofort seine Zusage.

304. Für den Fall, dass Jogi Löw bei der WM 2014 gescheitert wäre, hatte der DFB bereits einen Nachfolger im Auge: Thomas Tuchel.

305. Weil er jahrelang ohne Führerschein Auto fuhr, musste Marco Reus im Jahre 2014 eine Strafe in Höhe von 540.000 Euro zahlen.

306. Deutscher Fußballmeister 1941 war der SK Rapid Wien.

307. Francesco Totti hat ein Buch veröffentlicht mit etlichen Witzen über sich selbst.

308. Bei der WM 1950 verlor England überraschenderweise mit 0:1 gegen Fußballzwerg USA. Ein englischer Redakteur, der per Telegraph den Endstand mitgeteilt bekam, vermutete bei diesem Ergebnis einen

Tippfehler und machte daraus ein 10:1 für England.

309. Manuel Neuer wurde in seiner Jugend als Schalker Balljunge einmal von Tomasz Hajto angeschnauzt, weil er diesem den Ball nicht schnell genug zuwarf.

310. Bei der Weltmeisterschaft 2006 schied die Schweiz aus ohne ein Gegentor kassiert zu haben. In der Vorrunde blieben sie ohne Gegentor und ebenso im Achtelfinale beim 0:0 gegen die Ukraine. Jedoch verloren sie im anschließenden Elfmeterschießen mit 0:3.

311. Da es auf den Färöer Inseln extrem windig werden kann, gibt es dort eine Ausnahmeregel der FIFA: Bei einem Elfmeter darf ein Mitspieler den Ball festhalten.

312. Die brasilianische „Selecao" trug ursprünglich weiße Trikots. Unter anderem auch bei der missglückten Heim-WM 1950, bei der Uruguay den Titel holte. Um dieses Trauma zu überwinden, liefen sie danach stets in gelben Trikots auf.

313. Aufgrund der Verpflichtung von Superstar Ronaldo gab Inter Mailands Stürmer Ivan Zamorano seine Rückennummer 9 an den Brasilianer ab. Er entschied sich daraufhin für die 18 mit einem kleinen Plus zwischen der 1 und der 8.

314. Beim polnischen Erstligaspiel zwischen Lech Posen und Pogon Stettin ging während der ersten Halbzeit die Nachricht umher, dass Papst

Johannes Paul II. gestorben sei. Die Zuschauer erzwangen daraufhin einen Spielabbruch. Tatsächlich starb der Papst einen Tag später.

315. Auf den Scilly-Inseln (westlich von England) gibt es die kleinste Fußball-Liga der Welt. Dort spielen die Woolpack Wanderers und die Garisson Gunners jedes Jahr 16 Mal gegeneinander um die Meisterschaft.

316. WM-Rekordtorschütze Miroslav Klose erzielte keines seiner 16 WM-Tore aus einer Distanz von mehr als 10,9 Metern.

317. Bayer Uerdingen spielte einmal im Trikot der deutschen Nationalmannschaft. Beim Spiel gegen Eintracht Frankfurt 1988 hatten sie keine passenden Auswärtstrikots dabei. Aus der nahe gelegenen DFB-Zentrale wurden daher kurzfristig die Nationaltrikots geliefert.

318. Beim Champions League Finale 1999 zwischen Bayern und ManU stiegen Franz Beckenbauer, Boris Becker und UEFA-Präsident Lennart Johansson kurz vor Ende der Partie beim Stand von 1:0 für Bayern in den Aufzug, um rechtzeitig zur Siegerehrung zu gelangen. Als sie ein paar Minuten später auf der Ehrentribüne ankamen, war die Partie zu Ende: 2:1 für Manchester.

319. Das Bruder-Duell der Matips an der Torwand das „aktuellen Sportstudios" gewann Joel mit 4:2 gegen Marvin.

320. Vor dem WM-Finale 1930 wurde ein Revolververbot für die Zuschauer ausgesprochen. Auf dem Weg ins Stadion

wurden dadurch 1.600 Waffen von den Kontrolleuren eingezogen.

321. Der Geburtstag von Franz Beckenbauer ist am 11. September.

322. Die legendäre Fußballhymne „You'll never walk alone" stammt aus dem Musical „Carousel". Dort wurde es gesungen, um eine schwangere Frau zu trösten, die kurz zuvor ihren Ehemann verlor.

323. Im Jahre 2003 gelangen dem AC Perugia zwei spektakuläre Transfercoups. Der 100-Meter-Sprinter Ben Johnson und As-Saadi al-Gaddafi, welcher jedoch nach nur einem Spiel wegen Dopingmissbrauchs gesperrt wurde, gehörten dem Verein an.

324. Der schnellste Tor in der Geschichte der WM-Qualifikation gelang ausgerechnet dem Fußballzwerg San Marino. Beim Spiel gegen England 1993 traf Davide Gualtiere nach nur acht Sekunden. Endstand bei diesem Spiel war jedoch 7:1 für England.

325. Beim WM-Finale 1978 in Argentinien teilten sich die beiden gegnerischen Nationaltrainer César Luis Menotti und Ernst Happel einen Aschenbecher.

326. Superstar Kevin-Prince Boateng ist ein Neffe zweiten Grades von Helmut Rahn, dem Siegtorschützen des WM-Finals von Bern 1954.

327. Weltmeister Toni Kroos ist mit Hartmut Engler, dem Sänger der Band Pur, befreundet.

328. Keine Nation gewann jemals einen WM-Titel mit einem ausländischen Trainer.

329. Am 4. Mai 1900 wurde der 1. FC Nürnberg gegründet. Die Gründungsmitglieder wollten eigentlich Rugby spielen. Weil dafür aber 30 Spieler nötig gewesen wären, die sie nicht auftreiben konnten, entschieden sie sich schließlich dafür, Fußball zu spielen.

330. Im andalusischen Ort Albunán ist seit 2008 eine Straße nach Mario Gómez benannt.

331. Der Weißrusse Aljaksandr Hleb, Mittelfeldstratege beim VfB Stuttgart und später Leistungsträger beim FC Arsenal und FC Barcelona, heuerte zunächst bei 1860 München an. Trainer Werner Lorant schickte den Techniker jedoch nach dem Probetraining wieder weg und kommentierte: „Was soll ich mit diesem Hering?".

332. Bei der WM 2006 erhielt der Kroate Josip Simunic zunächst zwei Mal die Gelbe Karte. Erst bei der dritten Gelben Karte (Gelb-Rot) wurde er schließlich vom Schiedsrichter vom Platz gestellt.

333. Um gegen die schlechte Leistung des Schiedsrichters zu protestieren, die ihnen im Spiel zuvor die Meisterschaft kostete, schossen die Spieler von SOE Antananarivo 149 Eigentore im Spiel gegen AS Adema. Das Spiel in Madagaskars Hauptstadt endete schließlich 149:0 für Adema.

334. Die Vereinsfarben von Boca Juniors waren bis 1907 Weiß und Rot. Weil sie in diesem Jahr das

entscheidende Spiel gegen Lokalrivale River Plate verloren, entschieden sie sich für neue Farben und zwar Gelb und Blau.

335. Beim Endspiel um die Deutsche Meisterschaft 1949 zwischen Borussia Dortmund und dem VfR Mannheim verletzte sich der Dortmunder Max Michallek am Fuß. Dieser schwoll binnen kurzer Zeit extrem an, sodass der Spieler seinen Schuh nicht mehr drüber ziehen konnte. Er spielte den Rest der Partie ohne Schuhe weiter.

336. Beim ihrem Erfolg im Europapokal der Landesmeister 1987/1988 gewann der PSV Eindhoven ab dem Viertelfinale kein Spiel mehr. Im Viertelfinale und im Halbfinale kamen die Holländer mit zwei Unentschieden und der Auswärtstorregel weiter und im Finale gegen Benfica entschied das Elfmeterschießen.

337. Cacau bestand seinen Einbürgerungstest fehlerfrei. Unter anderem musste er in diesem Test eine Frage zu Ex-Bundeskanzler Helmut Kohl beantworten. Aus diesem Grund wurde er später von vielen Teamkameraden „Helmut" genannt.

338. Beim Marina Bay Floating Stadium in Singapur ist das Spielfeld eine schwimmende Plattform, während die Zuschauerränge drum herum auf Festland gebaut sind.

339. Nach dem Gewinn der Meisterschaft sprühten Fans des SSC Neapel mit einer Spraydose den Spruch „Ihr wisst ja nicht, was ihr verpasst habt!" auf eine Friedhofsmauer.

340. Aufgrund seines im Jahre 2000 verstorbenen Vaters streckt Torwart Sven Ulreich beim Einlaufen stets eine Faust in Richtung Himmel.

341. Durch sein Fallrückziehertor gegen die Schweizer Nationalmannschaft gelang Klaus Fischer am 16. November 1977 das offizielle Tor des Jahrhunderts in Deutschland.

342. Portugal schoss bei der WM 2010 in Südafrika sieben Tore in vier Spielen. Jedoch alle beim 7:0-Sieg gegen Nordkorea.

343. Ab 1970 war Frauenfußball in Deutschland wieder erlaubt. Allerdings durften die Spiele nur 70 Minuten dauern.

344. Der 1. FC Nürnberg war bis 1987 Deutscher Rekordmeister. Von da an übernahm der FC Bayern diesen inoffiziellen Titel und gab ihn bis heute nicht mehr her.

345. Zwischen 1974 und 1978 war Adidas der erste Trikotsponsor des FC Bayern.

346. Der 1954er Weltmeister Max Morlock war ganze 24 Jahre lang Spieler des 1. FC Nürnberg. Von 1940 bis 1964 erzielte er ca. 700 Tore in 900 Spielen.

347. Die Trophäe für den Deutschen Fußball-Kulturpreis heißt MAX. Sie wurde benannt nach dem 1954er Weltmeister Max Morlock.

348. Als Edgar Schmitt 1991 sein erstes Profispiel für Eintracht Frankfurt bestritt, war er bereits 28 Jahre alt. Seine beste Zeit erlebte

er im Trikot des Karlsruher SC von 1993 bis 1996.

349. Von den Nürnberger Ultras wird das Nürnberger Fußballstadion „Max-Morlock-Stadion" genannt. Der Verein selbst benannte im Jahre 2014 den eigenen Trainingsplatz „Max-Morlock-Platz".

350. Während des Zweiten Weltkriegs versteckte der Vizepräsident der FIFA Ottorino Barassi den WM-Pokal in einem Schuhkarton unter seinem Bett.

351. Als Otto Rehhagel in den 80er-Jahren bei Werder Bremen anheuerte, hatte er bereits bei sechs Profi-Clubs trainiert.

352. Das „A." im Namen Michael A. Roth (ehemaliger Präsident des 1. FC Nürnberg) steht für Adolf.

353. Unter anderem wegen des so erfolgreichen und spektakulären Fußballs des 1. FC Nürnberg in den 1920er-Jahren zog das Sportmagazin „kicker" von Ludwigshafen nach Nürnberg.

354. Der langjährige Nationaltorwart und 1996er Europameister Andreas Köpke hatte in seinen Vereinen leider nicht so viel Erfolg. Mit dem 1. FC Nürnberg stieg er 1994 und 1999 aus der Bundesliga ab. 1996 stieg er mit Eintracht Frankfurt aus der Bundesliga ab. Als Ersatzkeeper stieg er bereits 1983 mit Holstein Kiel aus der 2. Liga ab. Wiederum als Stammtorwart stieg er dann 1986 mit Hertha BSC aus der 2. Liga ab. Von den Fans des 1. FC Nürnberg wurde er dennoch zur Torwart-Legende des Jahrhunderts gewählt.

355. Beim sensationellen 6:6 nach Verlängerung im DFB-Pokal-Halbfinale 1984 schoss der Schalker Olaf Thon drei Tore gegen den FC Bayern. Das Wiederholungsspiel gewann schließlich der FCB mit 3:2.

356. Bei der WM 2006 ließ ein chinesischer Unternehmer deutsche Stadionluft verpacken, welche er in China für teures Geld verkaufte.

357. Seit dem Karriereende von Olaf Thon galten er und Rudi Assauer als Intimfeinde. Olaf Thon war der Meinung, Assauer würde seine Karriere als Funktionär im Verein bewusst verhindern.

358. Papst Johannes Paul II. war einst Ehrenmitglied von Schalke 04.

359. Im Jahre 2010 wurde der ehemalige Schalker Manager Rudi Assauer vom Erzfeind Borussia Dortmund geehrt und zwar für 40 Jahre Mitgliedschaft beim BVB.

360. Beim Hessener Derby 1998 zwischen Eintracht Frankfurt gegen Kickers Offenbach bewarfen sich die Fangruppen mit Dartpfeilen.

361. Die Goldene Kamera in der Kategorie „Bester Werbespot mit Prominenten" gewann im Jahre 2006 Rudi Assauer. Er wurde zusammen mit seiner damaligen Lebensgefährtin Simone Thomalla ausgezeichnet für einen Werbespot für eine Biermarke.

362. Nach seiner missglückten Haarprobe, bei der er ein „absolut reines Gewissen“ hatte, begab sich Christoph Daum erstmal für einige Wochen ins sonnige Florida.

363. Vor der Weltmeisterschaft 1966 wurde der WM-Pokal gestohlen. Ein Hund namens „Pickles“ grub den Pokal später in einer Hecke in London aus und sein Herrchen David Corbett erhielt sie saftige Belohnung von 5.000 Pfund.

364. Nationaltorhüter und Elfmeterspezialist Hans Jörg Butt verwandelte für drei verschiedene Vereine jeweils einen Elfmeter in der Champions League, nämlich für Hamburg, Leverkusen und Bayern.

365. Das Champions League Finale 1997 gewann Borussia Dortmund mit 3:1 gegen Juventus Turin. In der Mannschaft der Borussen standen fünf Spieler, die vorher bereits beim Gegner Juve gespielt haben: Andreas Möller, Jürgen Kohler, Stefan Reuter, Julio César und Paulo Sousa.

366. Der spätere Nationalspieler Cacau kam einst als Mitglied einer Sambagruppe nach Deutschland. In Deutschland begann er schließlich wieder mit dem Fußballspielen und schloss sich zunächst dem Münchner Club Türkgücü an.

367. Vor dem Champions League Halbfinale zwischen Real Madrid und Borussia Dortmund im Jahre 1998 brach eines der beiden Tore zusammen. Es dauerte ganze 76 Minuten, bis dieses Tor ersetzt wurde. Bis zu 13 Millionen Deutsche sahen die

Live-Übertragung im Fernsehen, in der die Moderatoren Günther Jauch und Marcel Reif eine grandiose Unterhaltung boten und unter anderem Sprüche klopften wie: „Noch nie hätte ein Tor einem Spiel so gut getan".

368. Kult-Spieler Max Kruse hat einmal 75.000 Euro in einem Taxi verloren.

369. Die Klub-Ikone von Schalke 04, Rudi Assauer, gewann in den 1960er-Jahren den Europapokal der Pokalsieger mit Borussia Dortmund.

370. Franz Beckenbauer wohnte einst in Oberndorf am Kaiserweg.

371. August Lenz, Mittelstürmer und erster Nationalspieler von Borussia Dortmund, hat seine Karriere ursprünglich als Torwart begonnen.

372. Weltmeister und Mittelfeld-Legende Uwe Bein konnte als Spieler nie einen Vereinstitel gewinnen.

373. Die Autobiografie von Trainer-Legende Dragoslav Stepanovic lautet: „Lebbe geht weider".

374. Gianluigi Buffon war in seiner Kindheit Fan von Borussia Mönchengladbach.

375. Beim legendären 4:1-Sieg des BVB gegen Real Madrid im Champions League Halbfinal-Hinspiel 2013 erzielte Robert Lewandowski alle vier Treffer für Dortmund.

376. Aus Marketinggründen verzichtet Real Madrid im arabischen Raum seit 2014 auf das christliche Kreuz in seinem Vereinswappen.

377. Der ehemalige belgische Stürmerkoloss Jan Koller, der zwischen 2001 und 2006 für den BVB auf Torejagd ging, hat Schuhgröße 50.

378. Marco Reus und Kevin Großkreutz konnten sich in der Jugendmannschaft des BVB nicht durchsetzen und wurden aussortiert, weil ihre Trainer sie für zu schmächtig befanden.

379. Zusammen mit Fritz Walter wurde auch dessen Bruder Ottmar 1954 Weltmeister.

380. Pierre-Emerick Aubameyang sprintet über 30 Minuten schneller als Usain Bolt. Mit 3,7 Sekunden auf 30 Metern ist er schneller als Usain Bolt bei dessen Weltrekordlauf bei der WM 2009.

381. Im Alter von 18 Jahren spielte der später Nationalspieler Patrick Owomoyela noch Basketball in der Regionalliga.

382. Thomas Tuchel verzichtet bei seiner Ernährung überwiegend auf Zucker und Mehlprodukte.

383. In Tansania gibt es eine Fußballmannschaft namens „Albino United“. In dieser Mannschaft spielen nur Albinos, um auf die ihnen entgegengebrachten Vorurteile aufmerksam zu machen.

384. Der teuerste DDR-Spieler aller Zeiten war Ulf Kirsten. Er wechselte 1990 für eine

Ablösesumme von umgerechnet 1,75 Millionen Euro von Dresden nach Leverkusen.

385. Rekordsieger des olympischen Fußball-Turniers ist Ungarn mit drei Gold Medaillen.

386. Die erste deutsche Ultragruppierung waren die „Fortuna Eagles Supporters", welche den damaligen Zweitligisten Fortuna Köln unterstützten.

387. Der „Ewige Zweite" der Bundesliga ist Michael Schulz. Die drei Bundesliga-Clubs, bei denen er spielte, wurden zwischen 1987 und 1997 fünf Mal Deutscher Meister. Doch jedes Mal ohne ihn. 1989 wechselte Schulz von Kaiserslautern nach Dortmund. Zwei Jahre später wurde Lautern Meister. 1994 wechselte er von Dortmund nach Bremen. Daraufhin wurde Dortmund zwei Mal Meister. Im Jahre 1992 wurde Schulz außerdem Zweiter mit Dortmund sowie Vize-Europameister mit Deutschland. 1993 verlor er mit Dortmund das UEFA-Cup-Finale gegen Juventus Turin. 1995 wurde er außerdem Vizemeister mit Werder Bremen, ausgerechnet hinter seinem Ex-Verein Borussia Dortmund.

388. Michel Platini absolvierte in den 1970er-Jahren ein Probetraining beim 1. FC Saabrücken. Er konnte den Verein jedoch nicht von seinen Qualitäten überzeugen. Platini wurde ungeachtet dessen in den 80er-Jahren ein Weltstar im Trikot von Juventus Turin und der französischen Nationalmannschaft.

389. Der einstige Masseur und Teambetreuer des FC Bayern, Richie Müller, wurde einige Zeit später Präsident beim TSV 1860 München.

390. Paschalis Seretis absolvierte insgesamt 36 Spiele für den SC Freiburg. Allerdings keines davon über 90 Minuten. Insgesamt wurde er 32 Mal eingewechselt und vier Mal ausgewechselt.

391. Bei der WM 1986 flog Torwart Uli Stein, der mit seiner Ersatzrolle nicht zufrieden war, aus der Nationalmannschaft, nachdem er den Teamchef Beckenbauer als „Suppenkasper" bezeichnete. Beckenbauer bezeichnete zuvor Uli Stein mehrmals als weltbesten Torwart. Dennoch blieb Harald „Toni" Schumacher stets die Nummer eins im Tor. Vier Jahre später – zur WM 1990 – wollte Teamchef Beckenbauer Uli Stein in die Nationalmannschaft zurückholen. Der DFB machte ihm dabei aber einen Strich durch die Rechnung.

392. Sergej Barbarez spielte – bevor er in die Bundesliga wechselte – sowohl Fußball als auch Basketball in der höchsten jugoslawischen Liga.

393. Uwe Seeler wurde bereits 1946 Mitglied des Hamburger SV. Er war damals sieben Jahre alt.

394. Von den Fans des FC St. Pauli wird Uwe Seeler ironischerweise „Euch Uwe" genannt.

395. Auf dem Platz trug Torwart Gabor Kiraly von Hertha BSC stets graue Schlabberhosen. Zu Hause trug er laut eigener Aussage jedoch

niemals graue Schlabberhosen, sondern „schwarze Jogginghosen“.

396. Als Kind lebte der spätere holländische Nationalspieler Rafael van der Vaart in einer Wohnwagensiedlung. Von seinem ersten Profigehalt kaufte er seiner Familie schließlich ein richtiges Haus.

397. Der ehemalige HSV-Stürmer Pierre-Michel Lasogga ist Stiefsohn des ehemaligen Nationaltorhüters Oliver Reck.

398. Das erste Derby zwischen dem 1. FC Nürnberg und dem FC Bayern im Jahre 1901 endete mit einem 6:0-Sieg für Bayern.

399. Dribbelkönig Mehmet Scholl war einst Deutscher B-Jugend-Meister im Mannschaftskegeln.

400. Trotz der so erfolgreichen Vereinshistorie gab es nur einen Nürnberger, der während einer Weltmeisterschaft für Deutschland eingesetzt wurde: Max Morlock.

401. Anfang 2015 stand Thomas Tuchel kurz davor, neuer HSV-Trainer zu werden. Die Hamburger entschieden sich jedoch letztlich für Bruno Labbadia.

402. „Brillenträger des Jahres 2004“ war Felix Magath.

403. Franck Ribéry konvertierte 2006 zum Islam. Sein islamischer Name lautet Bilal Yusuf Mohammed.

404. Wolfgang Kleff war ein Rivale von Sepp Maier um den Posten des Stammtorwarts in der deutschen Nationalelf. Er war auch berühmt für seine lustigen Sprüche. Einer von ihnen lautete: „Sepp Maier hat seinen Dackel verkauft. Immer, wenn er den Hund gefragt hat, wer der beste Torwart in Deutschland sei, hat der nur ‚Kleff, Kleff' geantwortet".

405. Sein erstes Pflichtspiel für den FC Bayern absolvierte „Kaiser" Franz Beckenbauer als Linksaußen gegen St. Pauli.

406. Andres Brehme absolvierte 1980 ein Probetraining beim HSV. Der Klub bat ihm jedoch nur einen Amateurvertrag an. Brehme entschied sich schließlich für den 1. FC Saarbrücken und wurde später einer der besten Spieler der Welt.

407. Anna Lewandowski, die Ehefrau von Weltfußballer Robert Lewandowski, wurde 2013 Karate-Weltmeisterin mit der polnischen Nationalmannschaft.

408. Berti Vogts trat 1999 einmal im „Tatort" auf. Er hatte eine Statistenrolle und lediglich einen einzigen Satz, der lautete: „Gib dem Kaninchen eine Möhre extra, es hat uns allen das Leben gerettet".

409. Rafael van der Vaart wurde bei Real Madrid vor der Saison 2009/2010 aussortiert. Seine Rückennummer 23 wurde ganz einfach neu vergeben. Als Superstar Kaká sich verletzte, wurde van der Vaart jedoch wieder gebraucht und schaffte es tatsächlich nochmal zum Stammspieler bei Real.

410. Den Spitznamen „Rote Teufel" bekam der 1. FC Kaiserslautern einst vom „kicker" verpasst, aufgrund seiner „teuflisch guten" Spielweise und den roten Trikots.

411. Der ehemalige Bayern-Spieler Anatoliy Timoshchuk besitzt in seinem Haus in Donezk einen riesengroßen Weinkeller. Er selbst trinkt aber keinen Tropfen Alkohol.

412. Zwischen 1983 und 1986 war der Jägermeister-Chef Günter Mast Präsident von Eintracht Braunschweig. Sein Plan, Eintracht Braunschweig in Jägermeister Braunschweig umzubenennen, wurde jedoch vom DFB durchkreuzt.

413. Aufgrund ihres überraschenden UEFA-Cup-Sieges 1997 gelten die Schalker Spieler von damals als „Eurofighter".

414. Durch den Verkauf von Karl-Heinz Rummenigge an Inter Mailand (für 11 Millionen Mark) war der FC Bayern im Jahre 1984 schuldenfrei.

415. Während seiner Profikarriere beim FC Barcelona machte Pep Guardiola eine Ausbildung zum Physiotherapeuten, nachdem er sein zunächst begonnenes Jurastudium nach nur einem Jahr abbrach.

416. Auch Uwe Seelers Bruder Dieter und sein Vater Erwin spielten beim HSV.

417. Kurz nachdem Pep Guardiola im April 2012 seinen Rücktritt in Barcelona erklärt hatte,

nahmen die Bayern sofort Kontakt zu dessen Bruder bzw. Berater Pere auf und erklärten ihr ernsthaftes Interesse.

418. Im Dezember 2012 flog Uli Hoeneß höchstpersönlich nach New York, um den Vertrag mit Startrainer Pep Guardiola zu unterzeichnen.

419. Rekord-Weltmeister Brasilien gewann erst im Jahre 2016 zum ersten Mal das olympische Fußball-Turnier.

420. Während seiner ersten Zeit beim FC Bayern trug der französische Weltmeister Bixente Lizarazu die Rückennummer 11. Während seiner zweiten Zeit bei Bayern trug er die Nummer 69. Lizarazu wurde 1969 geboren, ist 1,69 Meter groß und wog damals 69 Kilo.

421. Das Stuttgarter Maskottchen „Fritzle“ wurde benannt nach Fritz Walter, dem Stürmer.

422. Zwischen 1978 und 1986 spielten die beiden Förster-Brüder Karlheinz und Bernd vom VfB Stuttgart gemeinsam in der Nationalmannschaft.

423. Während seines Sabbaticals in der Saison 2014/2015 traf sich Thomas Tuchel mit dem damaligen Bayern-Trainer Pep Guardiola in einem bekannten Restaurant in München. Sie unterhielten sich stundenlang über Fußball und benutzten Salz- und Pfefferstreuer, um Spielzüge nachzustellen.

424. Vom „Kaiser“ Beckenbauer wurde Jean-Pierre Papin auch gerne „Schapapapa“ genannt.

425. Die erste Amtshandlung von Uli Hoeneß als Manager des FC Bayern war, seinen Bruder Dieter vom VfB zu verpflichten.

426. Als einziger von vier Passagieren überlebte Uli Hoeneß im Jahre 1982 einen Flugzeugabsturz.

427. Bereits seit 1925 spielt der VfB Stuttgart regelmäßig mit einem roten Brustring auf dem Trikot.

428. Im Jahre 1997 unterlief Werder Bremen ein großer Fehler. Der Verein wollte den jungen Chemnitzer Michael Ballack verpflichten und bot ihm ein Jahresgehalt von umgerechnet 90.000 Euro. Ballack forderte allerdings 100.000. Da Bremen diese Forderung ablehnte, wechselte Ballack schließlich zu Kaiserslautern, wurde gleich in seiner ersten Saison Deutscher Meister und startete dort seine Weltkarriere.

429. Weil er bei seiner Vertragsunterschrift bei Eintracht Frankfurt darauf bestand, seinen Wechsel selbst bekanntzugeben, und er anschließend im Autoradio von seinem Wechsel zu Frankfurt erfuhr, war für Horst Hrubesch der Vertrag bei Frankfurt hinfällig. Stattdessen wechselte er kurze Zeit später zum HSV.

430. Im Jahre 2001 absolvierte der junge Torwart Petr Cech ein Probetraining bei Werder Bremen. Der damals 18-Jährige überzeugte mit seinen Paraden. Der Verein war jedoch nicht bereit, die Ablösesumme von 600.000 Euro zu zahlen. Cech wechselte daraufhin zu Sparta Prag und später zu

Chelsea, wo er zu einem der besten Torhüter der Welt wurde.

431. Bei seinem 100. Länderspiel für Österreich durfte Andreas Herzog mit der Rückennummer 100 auflaufen.

432. Bei der WM 1974 ließ Adidas ein Sonderexemplar ihrer Trikots anfertigen. Weil Hollands Superstar Johann Cruyff sich weigerte, mit den markentypischen drei Streifen aufzulaufen, erhielten die Trikots der Niederländer bloß zwei Streifen.

433. Der erste Ausländer, der zu Deutschlands Fußballer des Jahres gewählt wurde, war Ailton im Jahre 2004.

434. Günter Netzer hat jahrelang die Diskothek „Lovers Lane" in Mönchengladbach betrieben.

435. Das Achtelfinal-Hinspiel des Europapokals der Landesmeister im Oktober 1971 zwischen Mönchengladbach und Inter Mailand endete eigentlich mit einem 7:1-Sieg für die „Fohlen". Inter Mailands Spieler Roberto Boninsegna wurde dabei in der ersten Halbzeit von einer Limonadendose getroffen, die von der Tribüne geworfen wurde. Das Spiel wurde schließlich annuliert. Das Rückspiel endete mit einem 4:2-Sieg für Inter Mailand, ehe das Wiederholungsspiel des Hinspiels austragen wurde und mit einem Unentschieden endete. Gladbach schied dadurch trotz des sensationellen Hinspielsieges aus.

436. Nur zwei Mainzer Spielern gelangen vier Tore in einem Pflichtspiel: Benjamin Auer und Jürgen Klopp.

437. Stefan Raabs skurriler WM-Song zur Weltmeisterschaft 1994 („Böörti Böörti Vogts“) erreichte Platz vier der deutschen Musik-Charts.

438. Jupp Heynckes wurde im Jahre 1945 geboren. Sein Heimatort hieß damals noch München-Gladbach.

439. Im Jahre 1994 begab sich VfB Stuttgarts Jugendtrainer Ralf Rangnick nach Brasilien, um den 17-jährigen und damals noch ziemlich unbekannten Ronaldo Nazario de Lima zu beobachten. Rangnick war begeistert von seinen Qualitäten, doch die Verantwortlichen des VfB stimmten einem Transfer nicht zu, da ihnen die umgerechnet vier Millionen Euro Ablöse als zu hoch erschienen. Ronaldo wechselte zum PSV Eindhoven und ein Jahr später zum FC Barcelona und startete eine Weltkarriere.

440. Jupp Heynckes und seine Frau nennen ihr eigenes Haus „Casa de los Gatos“ wegen der zwei Katzen, die dort mit ihnen leben.

441. Der ehemalige Bremer und Schalker Abwehrspieler Naldo heißt mit richtigem Namen: Ronaldo Aparecido Rodrigues.

442. Wegen seiner Tratschsucht wurde Lothar Matthäus von seinen Mitspielern gerne „Schallplatte“ genannt.

443. Der einzige deutsche Spieler, der zweimal Europameister wurde ist Rainer Bonhof. Er gehörte sowohl 1972 als auch 1980 dem Europameister-Kader an.

444. Im Jahre 2011 scheiterte ein Wechsel von Eric Maxim Choupo-Moting vom HSV zum 1. FC Köln daran, dass das entscheidende Fax 14 Minuten zu spät bei der DFL einging.

445. Seine Gesichtsnarbe zog sich Franck Ribéry bei einem Autounfall im Alter von zwei Jahren zu. Laut eigener Aussage hat diese Narbe ihn stärker gemacht und seinen Charakter geformt, weil er in seiner Kindheit deswegen oft gehänselt wurde.

446. Der vollständige Name von Louis van Gaal lautet: Aloysius Paulus Maria van Gaal.

447. Europas Fußballer des Jahres 2013 Franck Ribéry musste 2003 für einige Monate auf dem Bau arbeiten, nachdem sein damalige Verein Olympique Alès pleite ging.

448. Der Brasilianer Mazinho wurde 1994 Weltmeister mit Brasilien. Er ist der Vater von Thiago Alcántara und Rafinha (ehemals FC Barcelona). Thiago spielt jedoch für die spanische Nationalspieler, während Rafinha für die brasilianische Juniorenauswahl spielte.

449. Die beiden Rummenigge-Brüder, Karl-Heinz und Michael, haben beide den Beruf des Bankkaufmanns erlernt.

450. Nach der Wiedervereinigung wurde Bayerns Manager Uli Hoeneß ein junger talentierter

Spieler aus Dresden empfohlen. Es handelte sich um Matthias Sammer. Hoeneß lehnte jedoch ab mit den Worten: „Was soll ich jetzt mit einem DDR-Spieler. Ich habe andere Sorgen". Sammer wurde später zu einem Weltklassespieler, gewann im Jahre 1996 mit Deutschland die Europameisterschaft und wurde zu Europas Fußballer des Jahres gewählt.

451. Beim Eröffnungsspiel des Dortmunder Westfalenstadions 1974 verlor Dortmund mit 0:3 gegen Schalke.

452. Robert Lewandowskis Eltern waren ebenfalls erfolgreiche Sportler. Seine Mutter spielte in der höchsten Volleyballliga Polens, sein Vater war ein erfolgreicher Judoka.

453. In der Nationalmannschaft lief die Legende Lothar Matthäus stets in Adidas-Schuhen auf, während er in seinen Vereinen immer Puma-Schuhe trug.

454. In Italien hatte Giovanni Trapattoni den Spitznamen „il tedesco" (der Deutsche). In Deutschland wurde er jedoch eher als „maestro" bezeichnet.

455. Die Schuhgröße von Lothar Matthäus' Schuhen im WM-Finale 1990 betrug 40 2/3. Weil bei diesen Schuhen in der ersten Halbzeit die Sohle brach und Matthäus in der Halbzeit die Schuhe wechselte, verzichtete er gegen Ende des Spiels auf die Ausführung des Elfmeters, für den er eigentlich vorgesehen war. Er überließ Andreas Brehme den Vortritt und dieser verwandelte schließlich zum 1:0-Siegtreffer.

456. Der Vater des einstigen Abwehrkolosses Daniel van Buyten war früher Profi-Catcher.

457. Die erste Champions League-Saison 1992/1993 endete mit dem Finale im Münchner Olympiastadion. Dieses endete mit einem 1:0-Sieg von Olympique Marseille gegen den favorisierten AC Mailand.

458. Sechs seiner ersten sieben Spiele gewann Jürgen Klopp als Trainer bei Mainz 05. Dadurch bewahrte er den „Karnevalsverein“ vor dem Abstieg in die 3. Liga.

Kapitel 2:

Sensationelle Rekorde aus 90 Jahren WM-Geschichte

459. Das WM-Spiel mit den wenigsten Zuschauern fand 1930 statt. Bei der Begegnung Rumänien gegen Peru schauten nur 300 Fans zu.

460. Den schnellsten Treffer in einem WM-Spiel erzielte der Türke Hakan Sükür im Spiel gegen Südkorea 2002 nach nur elf Sekunden.

461. Der Spieler mit den meisten WM-Titeln ist Pelé (1958, 1962 und 1970).

462. Den dichtesten Viererpack bei einer Weltmeisterschaft erzielte Deutschland im Halbfinale 2014 gegen Brasilien. Zwischen der 23. und der 29. Minute trafen die Deutschen vier Mal.

463. Den Rekord für die meisten WM-Spiele ohne Gegentor teilen sich die englische Torwart-Legende Peter Shilton und der französische Weltmeister Fabien Barthez. Zehn Mal blieben die beiden bei der WM ohne Gegentreffer.

464. Den Rekord für die meisten Tore bei einer einzigen WM hält Ungarn. 1954 erzielten sie unglaubliche 27 Tore in nur fünf Spielen.

465. Kein Land war öfter bei einer Weltmeisterschaft dabei als Brasilien – 21 Mal.

466. Zwischen 2002 und 2006 gelangen Brasilien elf WM-Siege in Folge. Damit halten sie den Rekord für die längste Siegesserie.

467. Der Spieler mit den meisten WM-Siegen ist Miroslav Klose. 17 Mal ging er bei Weltmeisterschaften als Sieger vom Platz.

468. Der Spieler mit den meisten Toren bei einer einzigen WM ist der Franzose Just Fontaine. Bei der WM 1958 in Schweden traf er 13 Mal.

469. Der höchste WM-Sieg aller Zeiten war ein 10:1 von Ungarn gegen El Salvador im Jahre 1982.

470. Deutschland hat eine 100 %-Erfolgsquote bei Elfmeterschießen bei der WM. Vier Mal gingen sie ins Elfmeterschießen. Vier Mal gewannen sie. Öfter als jede andere Nation.

471. Das allererste WM-Tor erzielte 1930 der Franzose Lucien Laurent im Spiel gegen Mexiko.

472. Oleg Salenko hält den Rekord für die meisten Tore in einem WM-Spiel. Der Russe traf 1994 beim 6:1 gegen Kamerun gleich fünf Mal.

473. Rekordtorschütze bei Weltmeisterschaften ist Miroslav Klose mit 16 Treffern.

474. Die Nation mit den meisten Toren bei Weltmeisterschaften ist Deutschland mit 224 Toren.

475. Carlos Alberto Parreira ist der Trainer mit den meisten WM-Teilnahmen. Mit Brasilien, Kuwait, den Vereinigten Arabischen Emiraten, Saudi-Arabien und Südafrika nahm er insgesamt sechs Mal als Trainer an der Weltmeisterschaft teil.

476. Zwischen 1966 und 1978 kam Nationaltrainer Helmut Schön auf 25 WM-Partien. Damit hält er den Rekord für die meisten WM-Spiele als Trainer.

477. Die meisten WM-Titel als Trainer errang der Italiener Vittorio Pozzo (1934 und 1938).

478. Keine Nation spielte bei Weltmeisterschaften öfter zu Null als Brasilien (46 Mal).

479. Keine Nation war öfter Vize-Weltmeister als Deutschland (vier Mal).

480. Der erfolgreichste WM-Spieler gemessen an den Medaillen ist Miroslav Klose. Bei jeder seiner vier WM-Teilnahmen gewann er eine Medaille (2002 Silber, 2006 Bronze, 2010 Bronze und 2014 Gold).

481. Die meisten Elfmeter bei WM-Turnieren bekam Spanien zugesprochen. Von 16 Elfmetern verwandelten sie 14.

482. Der höchste Sieg in einem Eröffnungsspiel gelang Russland 2018 mit einem 5:0 gegen Saudi-Arabien.

483. Keine Nation musste bei der WM öfter ins Elfmeterschießen gehen als Argentinien (fünf Mal)

484. Der älteste aktive Spieler, der jemals Weltmeister wurde, war der italienische Torwart Dino Zoff (40) bei der WM 1982.

485. Die schnellste Gelbe Karte der WM-Historie kassierte der Mexikaner Jesus Gallardo. Im Vorrundenspiel gegen Schweden 2018 kassierte Gallardo bereits nach 15 Sekunden Gelb.

486. Keine Nation bestritt mehr K.O.-Spiele bei Weltmeisterschaften als Deutschland. Insgesamt

kamen die Deutschen bereits auf 47 K.O.-Spiele, von welchen sie 32 gewannen.

487. Der höchste Halbfinal-Sieg der WM-Geschichte gelang Deutschland. Diesen Rekord stellte die DFB-Elf 2014 beim 7:1 gegen Brasilien auf.

488. Die häufigsten WM-Gastgeber sind Brasilien, Deutschland, Frankreich, Italien und Mexiko mit je zwei ausgerichteten Turnieren.

489. Den ersten Elfmeter in der WM-Geschichte konnte 1930 Manuel Rosas verwandeln im Spiel Mexiko gegen Argentinien.

490. Die meisten Platzverweise bei einem WM-Spiel gab es beim Spiel Portugal gegen die Niederland 2006 (je zwei Mal Gelb-Rot für beide Teams).

491. Das WM-Spiel mit den meisten Zuschauern gab es bei der WM 1950 in Brasilien. Bei der überraschenden Niederlage der Gastgeber gegen den späteren Weltmeister Uruguay kamen 173.000 Zuschauer ins legendäre Maracana-Stadion.

492. Die meisten WM-Spiele bestritten Deutschland und Brasilien (je 109).

493. Das Rekordspiel mit den meisten Gelben Karten gab es bei der WM 2002. Im Spiel Deutschland gegen Kamerun zückte der Schiedsrichter sagenhafte 14 Mal die Gelbe Karte und zwei Mal die Gelb-Rote.

494. Den Negativrekord für die längste Niederlagenserie bei Weltmeisterschaften

hält Mexiko. Zwischen 1930 und 1958 verloren sie neun Mal in Folge.

495. Der jüngste WM-Spieler aller Zeiten war der Nordire Norman Whiteside. Beim Spiel gegen Jugoslawien 1982 war er gerade einmal 17 Jahre und 41 Tage alt.

496. Den schnellsten Elfmeter in einem WM-Spiel erhielt die Niederlande im Finale 1974 gegen Deutschland in der ersten Minute.

497. Das erste Golden Goal der WM-Historie erzielte der Franzose Laurent Blanc im Achtelfinale der WM 1998 gegen Paraguay.

498. Der Spieler mit den meisten WM-Einsätzen ist Lothar Matthäus. Zwischen 1982 und 1998 absolvierte er 25 WM-Spiele.

499. Den ersten WM-Hattrick erzielte der Deutsche Edmund Conen 1934 gegen Belgien.

500. Italien und England halten den Rekord für die meisten verlorenen Elfmeterschießen bei Weltmeisterschaften. Während England all seine drei Elferschießen verlor, gewannen die Italiener immerhin eines ihrer vier Elfmeterschießen.

501. Den Negativrekord für die meisten WM-Niederlagen hält Mexiko. Insgesamt gingen sie in 57 WM-Spielen 27 Mal als Verlierer vom Platz.

502. Die meisten WM-Siege gelangen den Brasilianern (73). Dicht dahinter liegt Deutschland mit 67 Siegen.

503. Der schlechteste Titelverteidiger der WM-Geschichte war Frankreich bei der WM 2002. Mit nur einem Punkt in der Vorrunde verabschiedete sich der damalige WM-Favorit.

504. Die WM mit dem höchsten Zuschauerschnitt fand 1994 in den USA statt. Durchschnittlich 69.000 Zuschauer kamen damals in die Stadien.

505. Die meisten WM-Final-Teilnahmen hat Deutschland vorzuweisen (acht).

506. Der einzige WM-Gastgeber, der bereits in der Vorrunde scheiterte, war Südafrika 2010.

507. Der jüngste Trainer, der je bei einem WM-Spiel an der Seitenlinie stand, war der Argentinier Juan José Tramutola 1930 im Alter von 27 Jahren und 267 Tagen.

508. Bereits sechs Mal schied der Weltmeister bei der nächsten WM in der Vorrunde aus. 1950 passierte dies Italien. 1966, auch aufgrund der Verletzung von Pelé, schied Brasilien in der Vorrunde aus. Zuletzt wurde dieser WM-Fluch zur Tradition. 2002 schied Frankreich mit nur einem Punkt in der Vorrunde aus. 2010 erwischte es Italien mit nur zwei Punkten. 2014 waren es die unschlagbaren scheinenden Spanier und 2018 blamierte sich Deutschland mit nur drei Punkten.

509. Der jüngste WM-Torschütze aller Zeiten war Pelé. Bei der WM 1958 war er erst 17 Jahre alt.

510. Mit 2.217 Spielminuten hält die italienische Abwehr-Legende Paolo Maldini den Rekord für die meisten WM-Spielminuten.

511. Nur fünf Nationen, die bisher an Weltmeisterschaften teilgenommen haben, erzielten noch nie ein Tor: Indonesien, China, Kongo, Kanada sowie Trinidad und Tobago.

512. Lothar Matthäus und Antonio Carbajal (Mexikanischer Torwart) sind die beiden Spieler mit den meisten WM-Teilnahmen (je fünf).

513. Der älteste eingesetzte Spieler in der WM-Geschichte war Stürmer Roger Milla aus Kamerun. Beim WM-Spiel gegen Russland 1994 war er 42 Jahre und 39 Tage alt.

Kapitel 3:

Der alte Kontinent - Die Rekorde der Europameisterschaft

514. Die Top 3 Spieler mit den meisten EM-Einsätzen sind allesamt Portugiesen: Cristiano Ronaldo (25), Pepe (20) und Joao Moutinho (19). Auf Rang 6 folgt bereits der nächste Portugiese: Rui Patricio (16).

515. Der einzige Spieler, dem jemals ein Hattrick bei einer EM gelang, war Michel Platini 1984 gegen Jugoslawien.

516. Keine Nation bestritt mehr EM-Spiele als Deutschland (53).

517. Den Rekord für die meisten EM-Titel teilen sich Deutschland und Spanien (jeweils drei Titel).

518. Erster Europameister war die Sowjetunion 1960.

519. Italien hält den Rekord für die meisten Zu-Null-Spiele bei Europameisterschaften (19).

520. Nur drei EM-Gastgeber sind jemals in der Vorrunde ausgeschieden. Zwei davon bei ein- und derselben EM (2008 Österreich und Schweiz). Der dritte Gastgeber war Belgien 2000.

521. Den Rekord für die meisten Vize-EM-Titel teilen sich Deutschland, Jugoslawien und Russland/UdSSR (jeweils drei).

522. Das allererste EM-Tor gelang dem Jugoslawen Milan Galic im Eröffnungsspiel der EM 1960.

523. Die meisten Final-Teilnahmen bei Europameisterschaften hat Deutschland (sechs).

524. Der bisher höchste EM-Sieg aller Zeiten gelang der Niederlande. Ein 6:1 gegen Jugoslawien bei der Heim-EM 2000.

525. Deutscher EM-Rekordtorschütze ist Jürgen Klinsmann mit fünf Treffern.

526. Das schnellste Tor in einem EM-Finale gelang 2021 Luke Shaw nach nur zwei Minuten.

527. Nur drei EM-Gastgeber konnten den Titel gewinnen: Spanien 1964, Italien 1968 und Frankreich 1984.

528. Rekordteilnehmer bei EM-Endrunden ist Deutschland (13 Mal).

529. Vier Mal wurde ein Deutscher EM-Torschützenkönig. 1972 Gerd Müller (vier Treffer), 1976 Dieter Müller (vier Treffer), 1980 Klaus Allofs (drei Treffer), 1992 Karl-Heinz Riedle (drei Treffer). Bei der EM 2012 gelangen Mario Gómez ebenso viele Tore (drei) wie Fernando Torres. Jedoch wurde der Spanier offiziell Torschützenkönig, weil er weniger Minuten für seine drei Tore benötige.

530. Den Negativrekord für die meisten Gegentore (34) als Torhüter bei Europameisterschaften hält der tschechische Super-Torwart Petr Cech.

531. Mit 18 Jahren und 141 Tagen ist der Schweizer Johan Vonlanthen der jüngste EM-Torschütze aller Zeiten.

532. Die meisten EM-Spiele bestritten hat der Portugiese Cristiano Ronaldo (25).

533. Der älteste EM-Torschütze aller Zeiten ist der Österreicher Ivica Vastic. Im Alter von 38 Jahren und 257 Tagen stellte er diesen Rekord auf.

534. Das EM-Spiel mit den meisten Toren fand im Halbfinale 1960 statt. Jugoslawien gewann mit 5:4 gegen Frankreich.

535. Ältester EM-Spieler aller Zeiten ist der ungarische Torwart Gabor Kiraly. Sein letztes Spiel bestritt er im Alter von 40 Jahren und 74 Tagen.

536. Den Negativrekord für die meisten EM-Niederlagen hält Dänemark (17).

537. Die meisten EM-Siege als Trainer erreichte Joachim Löw (13).

538. Der häufigste Gastgeber von Europameisterschaften ist Frankreich (1960, 1984 und 2016).

539. Das EM-Spiel mit den meisten Zuschauern fand 1964 im Bernabeu Stadion von Madrid statt. Im Halbfinale zwischen Spanien und Ungarn erschienen 125.000 Zuschauer.

540. Der höchste Finalsieg gelang 2012 Titelverteidiger Spanien. Mit 4:0 fegten sie Italien vom Feld.

541. Den Negativrekord für die meisten verlorenen Elfmeterschießen bei Europameisterschaften hält England. Insgesamt verloren sie vier Elferschießen.

542. Deutscher EM-Rekordspieler ist Bastian Schweinsteiger mit 18 Einsätzen.

Kapitel 4:

„Vermeidbare“ Verletzungen, über die man schmunzeln muss

543. Bayerns Javi Martínez brach sich einmal beim Wandern im Baskenland das Schlüsselbein.

544. Beim Spielen mit seinem Hund zog sich der Österreicher Marko Arnautovic einst einen Innenbandriss im rechten Knie zu.

545. Zur WM 2002 wurde Iker Casillas überraschenderweise zum Stammtorwart ernannt, nachdem sich die eigentliche Nummer eins Santiago Canizares verletzte. Dieser ließ im Hotel eine Parfüm-Flasche fallen, woraufhin eine Glasscherbe eine Sehne am Fuß durchtrennte.

546. Der ehemalige Kaiserslauterer Adam Nemec zog sich eine Gehirnerschütterung und den Bruch des Schlüsselbeins und des Brustwirbels zu, nachdem er in seinem eigenen Garten von einem Baum fiel.

547. Jürgen Klopp zog sich einst nach einem Achtelfinal-Sieg im DFB-Pokal beim Jubeln einen Muskelfaserriss zu.

548. Einen Hexenschuss holte sich der ehemalige Mainzer Elkin Soto beim Schuhebinden.

549. Der für seine lange Mähne bekannte Abwehrspieler Michael Schulz zog sich einmal einen Hexenschuss zu, als er eine Mülltonne verschieben wollte.

550. Weil er sich bei der Pediküre eine Nagelbettentzündung zuzog, musste der ehemalige Bayern-Spieler Christian Lell pausieren.

551. Der ehemalige Bremer Norbert Siegmann schlitzte seinem Gegenspieler Ewald Lienen 1981 mit seinen Stollen den rechten Oberschenkel auf. Ewald Lienens offene Wunde war 25 Zentimeter lang und man konnte den Muskel von innen sehen. Lienen selbst stand wütend auf und beschwerte sich über dieses Foul.

552. Als die Mannschaft von Werder Bremen in der Winterpause 1986/1987 in den Skiurlaub fuhr, verletzte sich Stürmerstar Rudi Völler. Allerdings nicht beim Skifahren, sondern beim Rodeln.

553. Der ohnehin schon unter Flugangst leidende Paulo Guerrero riss sich einmal die Muskelfasern, als er zu einem Flugzeug sprintete, welches ihn zu einem Länderspiel in Peru bringen sollte.

554. Weil ihm eine Klimaanlage auf den Fuß fiel, musste der ehemalige Gladbacher Torwart Logan Bailly mehrere Wochen pausieren.

555. Als die Nationalmannschaft 2010 von einem Länderspiel nach Hause flog litt Jerome Boateng bereits unter einer Entzündung an der Kniesehne. Die Schmerzen verschlimmerten sich, nachdem eine Stewardess ihm aus Versehen den Servierwagen gegen das Knie rammte.

556. Beim Aussteigen aus dem Bus zog sich Europameister Stefan Kuntz einst einen Bänderriss zu.

557. Weil Kevin Keegan mit einem großen Zeh im Abfluss seiner Badewanne stecken blieb, fiel der englische Superstar für mehrere Wochen verletzungsbedingt aus.

Kapitel 5:

Die Bundesliga – Kurioses und interessantes Wissen zum Staunen

558. In der Abstiegssaison 1995/1996 spielte Kaiserslautern insgesamt 18 Mal unentschieden. Mit nur zehn Niederlagen (genauso viele wie der Vizemeister FC Bayern) schieden die Lauterer ziemlich unglücklich und überraschend ab.

559. Der erste Fußballer, der sowohl als Spieler als auch als Trainer Deutscher Meister wurde, war Helmut Benthaus. Als Spieler gelang ihm dies 1964 mit Köln und als Trainer 1984 mit dem VfB Stuttgart.

560. Der HSV blieb in der kompletten Saison 1981/1982 ungeschlagen.

561. Der einzige Spieler, dem in einem einzigen Bundesligaspiel sechs Tore gelangen, war der Kölner Dieter Müller. Beim 7:2 gegen Werder Bremen in der Saison 1977/1978 gelang ihm dieser Rekord.

562. Ganze 1.034 Minuten blieb der 1. FC Köln in der Saison 2001/2002 ohne eigenen Torerfolg.

563. Der 1. FC Nürnberg ist sowohl Rekordaufsteiger als auch Rekordabsteiger der Bundesliga. Die Nürnberger stiegen insgesamt sieben Mal auf, allerdings auch acht Mal ab.

564. Der einzige Spieler, der in der Bundesliga für die drei verfeindeten Clubs FC Bayern, 1860 München und den 1. FC Nürnberg spielte, war Manfred Schwabl.

565. Für seine fünf Spiele als Trainer im Jahre 2000 erhielt Udo Lattek zwei Millionen Mark Gehalt vom BVB.

566. Die besten Zweikampfwerte aller Abwehrspieler in der Bundesliga-Historie hat der Brasilianer Lúcio. Ganze 71 % seiner Zweikämpfe gewann er.

567. Der erste Spieler aus der Sowjetunion, der in die Bundesliga wechselte, war 1989 der Ukrainer Igor Belanow (1986 Europas Fußballer des Jahres). Er wechselte für zwei Millionen Mark von Dynamo Kiew zu Borussia Mönchengladbach.

568. In seiner Abstiegssaison 1995/1996 kassierte der 1. FC Kaiserslautern weniger Gegentore (37) als der Deutsche Meister Dortmund (38).

569. Als Blau-Weiß 90 Berlin in der Saison 1985/1986 in der 1. Bundesliga spielte, spielte Lokalrivale Hertha BSC in der Oberliga (damals 3. Liga).

570. Der erste deutsche Verein, dem der direkte Durchmarsch von der 3. Liga in die 1. Liga gelang, war der TSV 1860 München. 1992 noch in der Bayernliga aktiv, spielten sie bereits 1994 in der Bundesliga.

571. Der erste nicht-europäische Trainer in der Bundesliga war Rodolf Esteban Cardoso. Er trainierte 2011 für kurze Zeit den HSV.

572. Berlin stellte bereits fünf Bundesliga Mannschaften: Hertha BSC, Union, Tennis

Borussia, Blau-Weiß 90 und SC Tasmania 1900.

573. Der erste Afrikaner, der jemals in der Bundesliga zum Einsatz kam, war 1975 der Ghanaer Ibrahim Sunday von Werder Bremen.

574. Die schlechteste Offensive aller Deutscher Meister hatte Eintracht Braunschweig in der Saison 1966/1967. In ihrer Meistersaison erzielten sie lediglich 49 Tore.

575. Dietmar Schwager vom 1. FC Kaiserslautern benötigte ganze 276 Bundesligaspiele für seinen ersten Torerfolg.

576. Der erste Bundesliga-Trainer, der mit einer Gelben Karte verwarnt wurde, war der Mainzer Coach Sandro Schwarz.

577. Die Bundesländer Sachsen-Anhalt, Thüringen und Schleswig-Holstein haben jeweils noch nie eine Bundesligamannschaft gestellt. Sachsen-Anhalt und Thüringen konnten aber zumindest Vereine in der DDR-Oberliga vorweisen.

578. In der Saison 1994/1995 erzielte der Bremer Mario Basler drei direkte Eckballtore.

579. Claudio Pizarro spielte 1999 zum ersten Mal in der Bundesliga. Im selben Jahr lief auch die erste Folge „Wer wird Millionär“ mit Günther Jauch.

580. Rein nach der Drei-Punkte-Regel betrachtet, war der 1. FC Köln die beste Mannschaft der 1960er-Jahre.

581. Die höchste Auftaktniederlage in der Bundesliga-Historie kassierte Schalke 04 in der Saison 2020/2021. Mit 0:8 verloren die „Königsblauen" beim frisch gebackenen Champions League Sieger Bayern München.

582. In der Saison 2019/2020 traf Robert Lewandowski gegen jede Mannschaft, außer gegen Mönchengladbach.

583. Der erste Bayern-Trainer, der bei der Meisterfeier eine Weißbierdusche bekam war Giovanni Trapattoni 1997.

584. Die kürzesten Nachnamen in der Bundesliga-Geschichte hatten Demba Ba von Hoffenheim und Jürgen Ey vom FC Bayern.

585. Dietrich Mateschitz, der Boss von Red Bull, wettete 2019 mit Uli Hoeneß um ein Bier, dass RB Leipzig innerhalb der nächsten drei Jahre Deutscher Meister wird.

586. Der Stürmer Thomas Christiansen spielte trotz Ermüdungsbruch im Bein ein ganzes Jahr für Hannover.

587. Der erste Bundesliga-Verein, der mit elf Legionären in der Startelf auflief, war Energie Cottbus im April 2001. Nicht einmal auf der Ersatzbank saß ein deutscher Spieler.

588. Der jüngste Chef-Trainer in der Bundesliga-Historie ist Julian Nagelsmann. Im Alter von 28 Jahren und 205 Tagen stand er zum ersten Mal an der Seitenlinie.

589. Dem einstigen Weltklassestürmer und großen Hoffnungsträger des FC Bayern Jean-Pierre Papin gelangen in seinen zwei Jahren in der Bundesliga nur drei Tore. Eines davon wurde jedoch im September 1995 zu Deutschlands Tor des Jahres gewählt.

590. Bayern München hat noch nie seine ersten beiden Saisonspiele in der Bundesliga verloren.

591. In der Saison 1968/1969 setzte der FC Bayern insgesamt nur 13 Spieler ein und wurde am Ende dennoch Deutscher Meister.

592. Der älteste Torschütze in der Bundesliga ist Claudio Pizarro. Im Alter von 40 Jahren und 136 Tagen gelang ihm sein letztes Tor.

593. Jeweils als Feuerwehrmann geholt, schaffte Trainer Jörg Berger sowohl 1989 als auch 1999 den Klassenerhalt mit Eintracht Frankfurt. Stürmer Jan Age Fjörtoft sagte über seinen Trainer Jörg Berger: „Der hätte auch die Titanic gerettet".

594. In der Saison 2020/2021 traf Robert Lewandowski gegen jede Mannschaft, außer gegen RB Leipzig (gegen die er das Rückspiel aufgrund einer Verletzung verpasste).

595. Wegen ihres attraktiven Fußballs in den 1990er-Jahren wurde die Mannschaft des SC Freiburg auch als die „Breisgau-Brasilianer" bezeichnet.

596. Das einzige Gründungsmitglied der Bundesliga, welches nur in der allerersten

Saison in der Bundesliga spielte, ist Preußen Münster.

597. Kein Trainer blieb länger als Cheftrainer bei einem Verein im Amt als Volker Finke. Mit 16 Jahren am Stück ist Finke Rekordhalter in der Bundesliga.

598. Den Eigentorrekord in der Bundesliga hält Manfred Kaltz mit sechs Eigentoren.

599. In der Saison 1993/1994 Herbstmeister, stürzte Eintracht Frankfurt mit Trainer Klaus Toppmöller in der Rückrunde noch auf Platz sechs ab.

600. Helmut Winklhofer vom FC Bayern erzielte im Jahre 1985 aus 35 Metern ein Eigentor, welches sogar zum Tor des Monats gewählt wurde.

601. Kein Spieler wurde in der Bundesliga öfter ausgewechselt als Patrick Herrmann von den Fohlen, nämlich 156 Mal (Stand: August 2021).

602. In der Saison 2019/2020 erzielte Robert Lewandowski an den ersten elf Spieltagen jeweils mindestens ein Tor. Das ist Rekord in der Bundesliga.

603. Der ehemalige Stürmer des 1. FC Nürnberg Marek Mintal wurde zwischen 2002 und 2005 viermal in Folge Torschützenkönig und zwar in drei verschiedenen Ligen (1. Liga in der Slowakei, 1. Liga und 2. Liga in Deutschland).

604. Mit 24 Toren in der Saison 2004/2005 ist Marek Mintal der einzige Nürnberger Torschützenkönig in der Bundesliga-Historie.

605. Die meisten Meistertitel als Trainer erreichte Udo Lattek. Mit Bayern München und Borussia Mönchengladbach wurde er insgesamt acht Mal Deutscher Meister.

606. Den Rekord für die meisten Gelben Karten in einer Bundesliga-Saison hält Klaus Gjasula vom SC Paderborn aus der Saison 2019/2020 mit 17 Gelben Karten.

607. Das erste Bundesliga-Stadion, welches nach einem Sponsor benannt wurde, war das Volksparkstadion im Hamburg. Es erhielt ab 2001 den Namen „AOL Arena“.

608. Im legendären Abstiegsduell 1995/1996 standen sich Leverkusen mit Rudi Völler und Kaiserslautern mit Andreas Brehme gegenüber. Das 1:1-Endergebnis half Leverkusen und führte zugleich zum Abstieg des 1. FCK. Die beiden 1990er Weltmeister Völler und Brehme lagen sich hinterher im Fernsehstudio heulend in den Armen.

609. Da im Winter 1969/1970 so viele Spiele in der Bundesliga ausfielen, konnte das Pokalfinale erst nach der WM in Mexiko durchgeführt werden. Kickers Offenbach gewann das Finale am 29. August 1970 mit 2:1 gegen den 1. FC Köln. Damit wurde zum ersten Mal in der Geschichte ein Zweitligist Pokalsieger, zumindest theoretisch. Da Offenbach im Mai bereits in die 1. Bundesliga aufgestiegen waren, waren sie dann offiziell doch ein Erstligist.

610. Winfried „Winnie“ Schäfer wurde in der Saison 1969/1970 zuerst Deutscher Meister mit Borussia Mönchengladbach. Aufgrund des in den August verlegten DFB-Pokalfinals wurde er dann auch noch mit seinem neuen Verein Kickers Offenbach Pokalsieger.

611. Erst in der Saison 1986/1987 wurde in der Bundesliga die Winterpause eingeführt.

612. Die allerersten Winterpause in der Bundesliga dauerte 76 Tage.

613. Der einzige Neuseeländer, der jemals in der Bundesliga spielte, war Wynton Rufer, Spitzname: „Kiwi“. Von 1989 bis 1994 erzielte er 59 Tore für Werder Bremen.

614. Sein allerletztes Bundesligaspiel gewann Jupp Heynckes im Jahre 1978 mit 12:0 gegen Borussia Dortmund. Heynckes erzielte in diesem Spiel selbst fünf Tore.

615. Den schnellsten Doppelpack in der Bundesliga-Historie erzielte Hugo Almeida von Werder Bremen. Gegen den VfB Stuttgart benötigte er 2007 dafür lediglich 44 Sekunden.

616. Dennis Diekmeier kam für den HSV und Nürnberg insgesamt 203 Mal in der Bundesliga zum Einsatz. Einen Treffer erzielte er dabei aber nie.

617. Eine legendäre Aufholjagd im Revierderby gelang Schalke 04 in der Saison 2017/2018. Nach einem 0:4-Halbzeit-Rückstand hieß das Endergebnis 4:4. Den Ausgleich schoss Naldo in der 94. Minute.

618. Der ehemalige Wolfsburger Diego Klimowicz bekam alle seine vier Platzverweise in der Bundesliga von Schiedsrichter Lutz Wagner verpasst. Alle diese vier Spiele endeten außerdem mit 1:1.

619. In der Meistersaison des VfB Stuttgart 1991/1992 bestritten fünf Spieler alle 38 Saisonspiele (aufgrund der Wiedervereinigung wurde die Bundesliga für ein Jahr auf 20 Verein aufgestockt): Fritz Walter, Eike Immel, Maurizio Gaudino, Michael Frontzeck und Slobodan Dubajic.

620. Der torgefährlichste Verteidiger in der Bundesliga-Geschichte ist Bernard Dietz mit 77 Toren.

621. Den spektakulären Offensivfußball von Eintracht Frankfurt Anfang der 1990er-Jahre nannte man auch „Fußball 2000". Unter anderem dafür verantwortlich waren Jay-Jay Okocha, Andreas Möller, Uwe Bein, Anthony Yeboah und Maurizio Gaudino.

622. Bundesliga-Torschützenkönig mit den wenigsten Treffern (17) waren 1995/1996 Fredi Bobic und 1988/1989 Thomas Allofs und Roland Wohlfarth.

623. Die erste Ultragruppierung eines deutschen Bundesligisten wurde 1989 gegründet: die „Soccer Boyz" unterstützten Bayer Leverkusen.

624. Der erste Spieler, der offiziell aus der DDR zu einem Verein in der deutschen Bundesliga

wechselte war Andreas Thom. Für eine Ablösesumme von 2,8 Millionen Mark wechselte er zu Bayer Leverkusen.

625. Nach seiner Beißattacke gegen Heiko Herrlich wurde Oliver Kahn vom Schiedsrichter Knut Kircher mit den folgenden Worten verwarnt: „Herr Kahn, ich zeige Ihnen jetzt die Gelbe Karte. Bitte nicht beißen“.

626. Während eines Spiels gegen Eintracht Frankfurt in der Saison 1994/1995 wechselte Startrainer Giovanni Trapattoni unbedacht einen vierten Amateur ein (Dietmar Hamann), was einen Regelverstoß darstellte. Der 5:2-Sieg für die Bayern wurde anschließend am grünen Tisch mit 2:0 für Frankfurt gewertet. Die anderen drei Amateure, die bereits vorher eingewechselt wurden, waren Sven Scheuer, Marco Grimm und Sammy Kuffour.

627. Die erste Managerin eines deutschen Bundesligavereins war Britta Steilmann, die ab der Saison 1992/1993 die Geschicke von Wattenscheid 09 leitete.

628. Zwischen August 1985 und August 1987 gelang der Frankfurter Eintracht in 32 Spielen kein einziger Auswärtssieg. Bis heute ist das Negativrekord in der Bundesliga.

629. Torhüter mit den meisten Zu-Null-Spielen in der Bundesliga sind Oliver Kahn und Manuel Neuer. 204 Mal blieben beide ohne Gegentor (Stand: August 2021).

630. Der Frankfurter Charly Körbel bestritt bereits im Alter von 20 Jahren sein 100. Bundesligaspiel. Am Ende seiner Karriere hatte er 602 Bundesliga-Einsätze vorzuweisen. Damit ist er Rekordspieler in der Bundesliga.

631. Als erster Ausländer gewann Jörn Andersen in der Saison 1989/1990 die Torjägerkanone in der Bundesliga. Lediglich 18 Tore reichten dem Frankfurter damals.

632. Der Karlsruher Otto Geisert erzielte den ersten Hattrick in der Bundesliga. 1963 gelangen ihm drei Tore beim 4:2-Sieg gegen Nürnberg.

633. Sechs Personen wurden sowohl als Trainer als auch als Spieler Deutscher Meister: Jupp Heynckes, Franz Beckenbauer, Matthias Sammer, Thomas Schaaf, Helmut Benthaus und Felix Magath.

634. Obwohl Darmstadt 98 in der Saison 2012/2013 sportlich aus der Dritten Liga abgestiegen war, konnten sie in der darauffolgenden Saison weiterhin in dieser Liga mitmischen, da Kickers Offenbach keine Lizenz erhielt. In jener Saison, in der Darmstadt eigentlich in der 4. Liga hätte spielen müssen, stiegen sie dann in die 2. Bundesliga auf und ein Jahr später sogar in die 1. Bundesliga.

635. Insgesamt erzielte Beckenbauer vier Eigentore beim FC Bayern. Im Jahre 1975 passierte dieses Missgeschick sogar zweimal innerhalb einer Woche.

636. Als Mario Gómez 2007 noch beim VfB Stuttgart spielte, gelang ihm in der Partie gegen den FC Bayern ein Tor mit seinem Genital.

637. Vor seinem Bundesliga-Debüt 1976 war Karl-Heinz Rummenigge so nervös, dass er vom Mannschaftsbetreuer Richie Müller zwei Cognac verabreicht bekam, um schließlich spielen zu können.

638. Roman Weidenfellers legendäre Worte nach dem Gewinn der Meisterschaft im Jahre 2011: „We have a grandios Saison gespielt".

639. Die Dortmunder Spieler mussten in der Saison 1977/1978 nach dem 0:12-Debakel gegen Mönchengladbach jeweils 2.000 Mark Strafe an den Verein zahlen.

640. Max Eberl gelang in seinen 215 Spielen in der 1. und 2. Bundesliga nicht ein einziges Tor. Am letzten Spieltag der Saison 2000/2001 überließen seine Gladbacher Mitspieler ihm sogar einen Elfmeter, den er jedoch verschoss.

641. Kein Spieler brauchte weniger Spiele für 100 Siege in der Bundesliga als Javi Martínez. Bereits nach 120 Spielen knackte Martínez diese sensationelle Marke.

642. Am 25. März 2014 erreichte Philipp Lahm eine Passquote von 100 %. Im Spiel gegen Hertha BSC spielte er 134 Pässe und alle kamen an.

643. Udo Lattek trug in der Saison 1987/1988 als Sportdirektor des 1. FC Köln vom ersten bis zum 15. Spieltag denselben blauen Pulli. In dieser Zeit

blieb der FC ungeschlagen. Später wurde dieser Pulli für 36.000 Mark versteigert.

644. In der Saison 2010/2011 war der FC Bayern der am östlichsten liegenden Verein der Bundesliga.

645. Der einzige Club, der alle 17 Auswärtsspiele in einer Bundesliga-Saison verlor, war der 1. FC Nürnberg in der Saison 1983/1984.

646. Das torgefährlichste Sturmduo in der Bundesliga-Historie bestand aus dem Bosnier Edin Dzeko und dem Brasilianer Grafite. Für den VfL Wolfsburg erzielten sie in der Meister-Saison 2008/2009 zusammen 54 Tore.

647. Als einziger Verein in Deutschland haben die Stuttgarter Kickers keine negative Bilanz gegen den FC Bayern. Zwei Niederlagen und zwei Siege lautet die Bilanz gegen den Rekordmeister.

648. Um mehr Frauen ins Stadion zu locken, trug der HSV in der Saison 1976/1977 rosa Trikots. Tatsächlich hat sich diese Maßnahme gelohnt, der HSV hatte zehn Prozent Frauenanteil im Stadion, was bis dato einen Rekord darstellte.

649. Thomas Tuchel war der erste Trainer in der Bundesliga, der weder selbst in der Bundesliga gespielt noch eine Fußballmannschaft im Herrenbereich trainiert hat.

650. Obwohl der FC Schalke 04 im Jahre 1965 Letzter der Bundesliga wurde, durfte er in der kommenden Saison weiterhin im Oberhaus

spielen, weil die Liga von 16 auf 18 Teams aufgestockt wurde.

651. Der beste Torschütze der Kaiserslauterer Bundesliga-Historie ist Klaus Toppmöller mit 108 Toren.

652. Trainer-Legende Jupp Heynckes suspendierte 1995 die drei Superstars des Vereins Anthony Yeboah, Maurizio Gaudino und Jay-Jay Okocha, weil diese sich nach einem Straftraining direkt krank meldeten. Heynckes und Frankfurt trennten sich nur kurze Zeit darauf voneinander. Frankfurt stieg ab und Heynckes wird noch heute von vielen Eintracht-Fans als „Totengräber von Frankfurt“ bezeichnet.

653. Der SC Tasmania 1900 Berlin hält einige Negativrekorde in der Bundesliga, unter anderem: die wenigsten Tore in einer Saison (15), die wenigsten Siege in einer Saison (2), die meisten Gegentore in einer Saison (108), die wenigsten Punkte in einer Saison (10 – umgerechnet auf die Dreipunkteregel).

654. Der erste Bundesliga-Trainer, der vorzeitig entlassen wurde, war Herbert Widmayer. Die Entlassung für den Nürnberger Coach erfolgte nach einem blamablen 0:5 gegen Kaiserslautern im Jahr 1963.

655. Der torgefährlichste Torwart in der Bundesliga-Geschichte ist Hans Jörg Butt. Ganze 26 Tore erzielte der Nationaltorwart für Hamburg, Leverkusen und Bayern, jeweils per Elfmeter.

656. Es gab bisher nur drei Torhüter, denen mehr als ein Tor in der Bundesliga gelang. Neben

Elfmeterspezialist Hans Jörg Butt waren dies Andreas Köpke und Jens Lehmann.

657. VfB-Trainer Jürgen Sundermann bereitete in der Saison 1976/1977 oftmals eigenhändig die Lunchpakete für seine Spieler zu, weil der Verein Finanzprobleme hatte.

658. Der höchste Heimsieg und der höchste Auswärtssieg in seiner Bundesliga-Historie gelang dem VfB Stuttgart in der Saison 1985/1986. Zu Hause gewannen sie 7:0 gegen Hannover. Auswärts gewannen sie 7:0 gegen Düsseldorf. Ein 7:0-Heimsieg gelang den Schwaben aber insgesamt noch drei weitere Male.

659. Nur ein Bruderpaar schaffte es bisher, jeweils Torschützenkönig in der Bundesliga zu werden. Klaus Allofs wurde 1978/1979 und 1984/1985 Torschützenkönig und sein Bruder Thomas Allofs 1988/1989.

660. Niemals fielen so wenige Tore in einer Bundesliga-Saison wie 1989/1990. Nur 790 Tore fielen damals.

661. Der einzige Thailänder, der jemals in der Bundesliga zum Einsatz kam, war der Herthaner Withaya Laohakul im Jahre 1979.

662. Das Bundesliga-Spiel mit den meisten Zuschauern fand in der Saison 1969/1970 statt. Beim Spiel Hertha BSC gegen den 1. FC Köln kamen 88.075 Zuschauer ins Stadion.

663. Rekordhalter mit den meisten Spielen in der Bundesliga ist Otto Rehhagel. Insgesamt bestritt er

1.033 Spiele in der Bundesliga, davon 832 als Trainer.

664. Beim 0:0 gegen den FC Bayern im November 2007 hielt Frankfurts Keeper Oka Nikolov alle 38 Schüsse auf sein Tor.

665. Der einzige Trainer in der Bundesliga-Historie, der mit ein- und demselben Verein drei Mal auf- und drei Mal abstieg, war Volker Finke vom SC Freiburg.

666. Die schlechteste Defensive als Deutscher Meister hatte der FC Bayern in der Saison 1973/1974. Ganze 53 Tore kassierte die Defensive um Franz Beckenbauer und Sepp Maier.

667. Gegen keinen anderen Verein traf Gerd Müller öfter, als gegen den HSV (27 Mal).

668. Eine kuriose Trainerentlassung traf Willi Entenmann in der Saison 1993/1994: Der Trainer des 1. FC Nürnberg wurde nach einem sensationellen 2:0-Sieg gegen Rekordmeister Bayern entlassen.

669. Stürmer Sascha Rösler schaffte es in seiner Karriere, ganze vier Mal in die Bundesliga aufzusteigen und zwar mit vier verschiedenen Vereinen: Ulm, Düsseldorf, Mönchengladbach und Aachen.

670. Den jüngsten Meisterkader in der Bundesliga-Historie stellte Borussia Dortmund in der Saison 2010/2011. Das Durchschnittsalter des Kaders betrug 24,3 Jahre.

671. Der einzige Verein, der als amtierender Meister abgestiegen ist, war der 1. FC Nürnberg. Dieses „Kunststück" gelang dem Club im Jahre 1969. Der einzige Verein, der als amtierender Pokalsieger abgestiegen ist, war ebenfalls der 1. FC Nürnberg und zwar im Jahre 2008.

672. Während der kompletten Hinrunde der Saison 1996/1997 gelang Borussia Mönchengladbach kein einziges Auswärtstor.

673. Am 32. Spieltag der Saison 2010/2011 entschied Borussia Dortmund die Deutsche Meisterschaft für sich. Bei diesem Spiel stand Trainer Jürgen Klopp zum 100. Mal an der Seitenlinie des BVB.

674. In der Meistersaison 1991/1992 stand der VfB Stuttgart nur drei Mal auf Platz eins. Am 10. Spieltag, am 32. Spieltag und am 38. und letzten Spieltag. Nur aufgrund des besseren Torverhältnisses gegenüber Dortmund wurden die Schwaben Deutscher Meister.

675. Erster Bundesliga-Torschützenkönig 1963/1964 war Uwe Seeler mit 30 Treffern.

676. Im Jahre 2001 musste der FC Bayern ein Auswärtsspiel in Köln mit Aufwärmtrikots bestreiten, weil sie vergessen hatten, die richtigen Auswärtstrikots mitzunehmen.

677. Zwischen 1995 und 1997 verzauberte das „Magische Dreieck" vom VfB Stuttgart die Bundesliga. Fredi Bobic, Giovane Elber und Krassimir Balakov erzielten insgesamt 89 Tore und führten ihren VfB zum DFB-Pokalsieg 1997.

678. Der jüngste Spieler, der 50 Bundesligaspiele absolvierte war Timo Werner. Anfang 2015 war Werner gerade einmal 18 Jahre alt, als er diese respektable Marke erreichte.

679. In den zwei legendären Meisterjahren des BVB unter Trainer Jürgen Klopp (2010/2011 und 2011/2012) schied der Club im Europapokal jeweils in der Vorrunde aus. In der ersten Saison noch in der Europa League und in der zweiten Saison dann in der Champions League.

680. In der ersten Bundesliga-Saison 2004/2005 stand Mainz 05 nach dem 11. Spieltag auf Platz eins. Am Ende der Saison reichte es jedoch nur für Platz elf.

681. Beim Spiel Bremen gegen Hannover in der Saison 1975/1976 pfiff der Schiedsrichter Wolf-Dieter Ahlenfelder bereits nach 28 Minuten die erste Halbzeit ab. Der Schiedsrichter war damals leicht angetrunken und hatte kein Zeitgefühl.

682. Dem Hoffenheimer Isaac Vorsah gelangen in seinen ersten zehn Bundesliga-Einsätzen zehn Siege. Dies war vorher nur Robert Kovac gelungen.

683. Für seine vier Tore im Spiel gegen Mainz 05 im Jahre 2004 benötigte der Wolfsburger Martin Petrov nur vier Schüsse.

684. In der Meister-Saison 2008/2009 lag der VfL Wolfsburg nach der Hinrunde nur auf Rang neun. Mit sensationellen 43 Punkten in der Rückrunde

überholten sie alle noch vor ihnen liegenden Teams.

685. Weltmeister Andi Brehme wollte eigentlich 1996 seine aktive Karriere beenden. Aufgrund des Abstiegs 1996 spielte er aber noch weiter, um seinem 1. FC Kaiserslautern wieder in die Bundesliga zu verhelfen. Schließlich spielte er sogar noch bis 1998 weiter und wurde in seiner letzten Saison noch einmal Deutscher Meister.

686. Der einzige Malteser, der je in der Bundesliga gespielt hat, war der Lauterer Michael Mifsud. Zwischen 2001 und 2003 erzielte er in 23 Spielen zwei Tore.

687. Kurz vor Ende der Saison 2000/2001 war Schalke 04 für ca. vier Minuten Deutscher Meister, ehe Patrick Andersson vom FCB in Hamburg in der Nachspielzeit einen Freistoß ins Netz hämmerte und somit Bayern München zum Meister machte.

688. Der einzige Spieler, der sowohl in der 1. als auch in der 2. Bundesliga mehr als 100 Tore erzielte, war Bruno Labbadia.

689. Trapattonis legendäre Wutrede dauerte 3:30 Minuten und seine ersten Worte lauteten: „Sind Sie bereit?“. Auch in Italien ist diese Wutrede Kult. „Struuunz“ klingt in der italienischen Sprache ähnlich wie „stronzo“, was übersetzt „Vollidiot“ bedeutet.

690. Der beste Bundesliga-Torschützenkönig in den 1990er-Jahren war Michael Preetz von Hertha BSC in der Saison 1998/1999 mit 23 Treffern.

691. Der erste Bayernspieler, der sich durch alle Jugendmannschaften bis zu den Profis durchkämpfte, war Max Eberl. Im Alter von nur fünf Jahren kam der kleine Max zum FC Bayern und im Alter von 18 Jahren bestritt er 1991 sein Bundesliga-Debüt. Es sollte allerdings auch sein einziges Spiel für die Profis des Rekordmeisters bleiben.

692. Beim 7:3-Sieg der Nürnberger gegen den FC Bayern in der Saison 1967/1968 schoss Franz Brungs fünf Tore.

693. Die größte deutsche Stadt, die noch nie einen Bundesliga-Verein stellte, ist Bonn.

694. Als Tabellenelfter qualifizierte sich Mainz 05 in der Saison 2005/2006 für den UEFA-Cup und zwar aufgrund ihres ersten Platzes in der Fair-Play-Wertung.

695. Nur drei Vereine aus dem Saarland spielten bisher in der Bundesliga: 1. FC Saarbrücken, FC Homburg und Borussia Neunkirchen.

Kapitel 6:

Statistiken und Rekorde aus 58 Jahren Bundesliga-Geschichte

696. Im Jahre 1985 stellte Waldhof Mannheim den Rekord für die meisten Unentschieden in Folge auf. Acht Spiele hintereinander endete das Ergebnis mit einem Remis.

697. Gerd Müller gelangen vier Mal fünf Tore in einem Bundesligaspiel. Damit ist er Rekordhalter bei den Fünferpacks.

698. Der erste Torwart in der Bundesliga-Historie, der ein Tor aus dem Spiel heraus schoss, war Jens Lehmann beim 2:2 seiner Schalker im Revierderby gegen den BVB im Dezember 1997.

699. Die schlechteste Mannschaft der Bundesliga war Tasmania Berlin. Nur zwei Siege erreichten sie 1965/1966. Einen davon jedoch gleich am ersten Spieltag.

700. Bereits nach 93 Sekunden flog der Kölner Youssef Mohamad im August 2010 gegen Kaiserslautern vom Platz. Damit hält er den Rekord für den frühesten Platzverweis in der Bundesliga.

701. Die längste Passserie ohne Fehlpass in der Bundesliga gelang Kevin Vogt am 10. Spieltag der Saison 2019/2020. Ihm gelangen 172 erfolgreiche Pässe in Folge.

702. Kein Ausländer bestritt mehr Bundesligaspiele als der Peruaner Claudio Pizarro. Insgesamt 490 Mal stand er auf dem Rasen.

703. Den Negativrekord für die meisten Niederlagen (221) in der Bundesliga hält Bernhard Dietz vom MSV Duisburg.

704. Die meisten Dreierpacks in der Bundesliga erzielte Gerd Müller. 32 Mal gelangen ihm drei Treffer.

705. Der VfL Bochum hält den Rekord die meisten Heimspiele in Folge ohne Gegentor. 2003 gelangen dem VfL neun Zu-Null-Spiele in Folge.

706. Die meisten Jokertore in der Bundesliga erzielte Nils Petersen, nämlich 29 (Stand: August 2021).

707. In der Saison 1969/1970 traf Gerd Müller in 16 aufeinanderfolgenden Einsätzen mindestens einmal. Das ist bis heute Bundesliga-Rekord.

708. Den größten Vorsprung als Deutscher Meister auf den Zweitplatzierten hatte Bayern München in der Triple-Saison 2012/2013 mit 25 Punkten.

709. Unter Trainer Pep Guardiola gewannen die Bayern in der Saison 2013/2014 ganze 19 Spiele in Folge. Das ist Rekord.

710. Der einzige Verein, der jemals als Bundesliga-Aufsteiger direkt Deutscher Meister wurde war der 1. FC Kaiserslautern 1998 unter Trainer-Legende Otto Rehhagel.

711. Die Rekord für die wenigsten Niederlagen in einer Saison hält der FC Bayern. In den Saisons 1986/1987 und 2012/2013 verloren die Bayern jeweils nur ein Spiel.

712. Das 10.000. Tor der Bundesliga-Historie erzielte der Österreicher Buffy Ettmayer.

713. Beim Spiel zwischen Borussia Mönchengladbach und Borussia Dortmund am 11. September 1965 (Endstand 4:5) gab es fünf Elfmeter. Das ist bis heute Rekord.

714. Den Rekord für die meisten Meistertitel als Spieler teilen sich die beiden Bayern Thomas Müller und David Alaba. Das Duo gewann jeweils neun Mal den Titel (Stand: August 2021).

715. Der älteste Spieler, der je einen Treffer in der Bundesliga erzielte, war Publikumsliebling Claudio Pizarro. Im Alter von 40 Jahren und 136 Tagen erzielte er sein letztes Tor im Trikot von Werder Bremen.

716. Die älteste Startelf in der Bundesliga-Geschichte stellte Arminia Bielefeld am 21. Spieltag der Saison 2007/2008. Das Durchschnittsalter betrug an diesem Tag 31,5 Jahre.

717. Rekord-Torschützenkönig in der Bundesliga ist Gerd Müller. Sieben Mal setzte er sich die Torjägerkrone auf.

718. Kein Verein wurde früher Deutscher Meister als der FC Bayern in der Saison 2013/2014 unter Pep Guardiola und zwar bereits am 27. Spieltag.

719. Zehn Mal gelangen Gerd Müller vier Tore in einem Bundesligaspiel. Das ist bis heute Rekord.

720. Zwölf Jokertore in einer Bundesliga-Saison gelangen bisher nur Paco Alcacer vom BVB. Damit hält er bis heute den Rekord.

721. Mit nur 17 Gegentoren hält der FC Bayern aus der Saison 2015/2016 den Rekord für die wenigsten Gegentore in einer Saison.

722. Jens Nowotny und Luiz Gustavo teilen sich den unrühmlichen Rekord für die meisten Platzverweise in der Bundesliga. Jeweils acht Mal flogen beide Spieler vom Platz.

723. Rekordtorschütze in der Bundesliga ist der Bomber der Nation Gerd Müller mit 365 Treffern in 427 Spielen.

724. Rekordhalter für die meisten Eigentore in der Bundesliga sind Manfred Kaltz vom HSV und Nikolce Noveski von Mainz 05. Beide trafen jeweils sechs Mal ins eigene Netz.

725. Die meisten 0:0 in der Bundesliga-Historie gelangen in der Saison 2014/2015 dem 1. FC Köln. Neun Mal stand am Ende die Null.

726. Der älteste aktive Spieler, der Deutscher Meister wurde, war Torwart-Legende Toni Schumacher. Als Torwarttrainer beim BVB ließ er sich 1996 im Alter von 42 Jahren am letzten Spieltag kurz vor Schluss noch einmal einwechseln.

727. Mit 884 Minuten ohne Gegentor hält Timo Hildebrand vom VfB noch heute den Rekord für die längste „Weiße Weste“ in der Bundesliga.

728. Den Rekord für die meisten Siege als Bundesliga-Trainer hält noch immer Otto Rehhagel – 390 Mal.

729. Der höchste Bundesliga-Sieg in der Geschichte gelang Borussia Mönchengladbach. Mit ihrem 12:0 gegen Dortmund im Jahre 1978 halten die „Fohlen“ bis heute diesen Rekord.

730. Das torreichste Unentschieden in der Bundesliga-Historie gab es gleich zwei Mal. 5:5 trennten sich Frankfurt und Stuttgart im Jahre 1974 sowie Schalke und Bayern im Jahre 1973.

731. Die jüngste Startelf aller Zeiten stellte Schalke 04 am 27. Spieltag der Saison 1972/1973. Das Durchschnittsalter betrug 22,1 Jahre.

732. Den Rekord für das schnellste Tor in der Bundesliga teilen sich Kevin Volland und Karim Bellarabi. Beide trafen jeweils nach neun Sekunden, Volland am 2. Spieltag der Saison 2015/2016 gegen den FC Bayern und Bellarabi am 1. Spieltag 2014/2015 gegen Dortmund.

733. Die meisten Tore in einer Halbzeit fielen beim Spiel Borussia Dortmund gegen Arminia Bielefeld im November 1982. Nach dem Pausenstand von 1:1 endete das Spiel schließlich mit 11:1 für Dortmund.

734. Der jüngste Bundesliga-Torschütze der Geschichte ist der 16-jährige Dortmunder Youssoufa Moukoko. Im Alter von 16 Jahren und 28 Tagen traf er 2020 gegen Union Berlin zum ersten Mal.

735. Den Rekord für die meisten Ballkontakte in einem Spiel hält der Dortmunder Julian Weigl. Am letzten Spieltag der Saison 2015/2016 kam er auf sagenhafte 216 Ballkontakte.

736. Den schnellsten Fünferpack in der Bundesliga-Geschichte erzielte Robert Lewandowski 2015 im Trikot des FC Bayern. Beim Spiel gegen den VfL Wolfsburg, bei dem er in der ersten Halbzeit noch auf der Bank saß, gelangen ihm innerhalb von nur neun Minuten fünf Tore. Damit hält er den Rekord für den schnellsten Hattrick, den schnellsten Viererpack und den schnellsten Fünferpack.

737. Rekordhalter für die meisten Gelben Karten in der Bundesliga ist der „Tiger" Stefan Effenberg. 114 Mal sah er gelb.

738. Der FC Bayern hält den Rekord für die meisten Siege in einer Bundesliga-Saison. In der Saison 2012/2013 unter Jupp Heynckes und 2013/2014 unter Pep Guardiola gewannen die Münchner jeweils 29 Partien.

739. Den Rekord für die meisten Unentschieden in einer Saison (18 Mal) teilen sich Kaiserslautern (in der Abstiegssaison 1995/1996) und Köln 1991/1992.

740. Mit 43 Jahren und 184 Tagen war Klaus Fichtel von Schalke 04 der älteste Spieler in einer Bundesliga-Partie.

741. Zwischen 2012 und 2014 blieb der FC Bayern 53 Mal in Folge in der Bundesliga ohne Niederlage. Das ist bis heute Rekord.

742. Kein Afrikaner schoss jemals mehr Tore in einer Bundesliga-Saison als Papiss Demba Cissé in der Saison 2010/2011. Der damalige Freiburger erzielte 22 Tore. Bis heute ist das Bundesliga-Rekord.

743. Kein Trainer stieg öfter in die Bundesliga auf als Friedhelm Funkel. Mit seinen Mannschaften Bayer Uerdingen, MSV Duisburg, 1. FC Köln, Eintracht Frankfurt und Fortuna Düsseldorf gelang ihm insgesamt sechs Mal der Sprung ins Fußball-Oberhaus.

744. Den Tor-Rekord in einer Bundesliga-Saison hält Robert Lewandowski. In der Meister-Saison 2020/2021 traf der Mittelstürmer 41 Mal. Er übertraf damit den Uralt-Rekord von Gerd Müller aus der Saison 1971/1972 mit 40 Treffern.

745. Der Club mit den meisten Gegentoren in der Bundesliga-Historie ist Werder Bremen. Insgesamt kassierten die Bremer 2835 Gegentore (Stand: August 2021).

746. Die meisten Doppelpacks in der Bundesliga-Historie erzielte Gerd Müller. 87 Mal erzielte er mehr als ein Tor.

747. Den Rekord für die meisten verschiedenen Torschützen in einer Saison hält Werder Bremen. In der Saison 2007/2008 erzielten 20 verschiedene Bremer ein Tor.

748. Den Rekord für den schnellsten Platzverweis in der Bundesliga hält der Frankfurter Marcel Titsch-Rivero. Im Mai 2011 bekam er nur 43 Sekunden nach seiner Einwechslung die Rote Karte.

Kapitel 7:

Das Mutterland des Fußballs – Erstaunliches aus der Premier League

749. Die meisten Punkte in einer einzigen Premier League-Saison (100) erreichte Manchester City in der Saison 2017/2018 unter Pep Guardiola.

750. Der beste Vizemeister in der Geschichte der Premier League war der FC Liverpool mit 97 Punkten in der Saison 2018/2019. Meister wurde damals Manchester City.

751. Wayne Rooneys Vater war Amateurboxer.

752. Die schlechteste Mannschaft in der Premier League-Historie war Derby County. In der Saison 2007/2008 kam der Club auf nur elf Punkte.

753. Rekordspieler der Premier League war der Engländer Gareth Barry. Zwischen 1997 und 2018 kam er auf sensationelle 653 Einsätze.

754. Erster Champion der Premier League war 1992/1993 Manchester United.

755. Manchester United ist sowohl englischer Rekordmeister als auch Rekord-Champion der Premier League. Die englische Meisterschaft gewannen die „Red Devils“ bereits 20 Mal, die Premier League insgesamt 13 Mal.

756. Das erste Tor in der Geschichte der Premier League erzielte Brian Deane von Sheffield United in der Saison 1992/1993.

757. Rio Ferdinand hielt gleich zwei Mal den englischen Transfer-Rekord für die höchste Ablösesumme. 2000 wechselte er für 20,7 Millionen Euro von West Ham United zu

Leeds United. Zwei Jahre später wechselte er dann für 33,5 Millionen Euro von Leeds United zu Manchester United.

758. Der einzige Spieler aus der Premier League, der jemals den weltweiten Transfer-Rekord für die höchste Ablösesumme hielt, war Alan Shearer. 1996 wechselte er für die Rekordsumme von umgerechnet 17,2 Millionen Euro von den Blackburn Rovers zu Newcastle United.

759. Der FC Liverpool hat genau so oft die Premier League gewonnen (einmal) wie die Blackburn Rovers, die bereits seit 2012 nicht mehr in der Premier League spielen.

760. Erster Torschützenkönig der Premier League war Teddy Sheringham 1992/1993 mit 22 Treffern im Trikot der Tottenham Hotspurs.

761. In den ersten sechs Jahren der Premier League (bis 1998) wurde jeweils ein Engländer Torschützenkönig. Seitdem (ab 1999) nur noch fünf Mal.

762. Der englische Verein Sheffield Wednesday FC entstand aus einem früheren Cricket-Club, der seine Spiele üblicherweise nur mittwochs austrug.

763. Der erste Profifußballer, der mit einer elektronischen Fußfessel spielte, war Jermaine Pennant von Birmingham Ciy. Nachdem er wegen wiederholter Verkehrsdelikte für drei Monate in Haft musste und anschließend auf Bewährung frei

kam, spielte er bei seinem Comeback im April 2005 mit einer Fußfessel.

764. Bisher wurden zwei ehemalige Bundesligaspieler Torschützenkönig in der Premier League: Dimitar Berbatow und Pierre-Emerick Aubameyang.

765. Rekordtorschütze der Premier League ist Alan Shearer mit 260 Treffern.

766. Der erfolgreichste ausländische Torschütze der Premier League ist der Argentinier Sergio Agüero mit 184 Toren.

767. Rekord-Torschützenkönig der Premier League ist Thierry Henry. Der Stürmer vom FC Arsenal war insgesamt vier Mal bester Torjäger.

768. Nur zwei Engländer wurden bisher in diesem Jahrtausend Torschützenkönig in England: Harry Kane und Jamie Vardy.

769. Den Rekord für die meisten Tore in einer Premier League-Saison teilen sich Andy Cole und Alan Shearer. Beide trafen jeweils 34 Mal. Cole 1993/1994 und Shearer 1994/1995.

770. Nach seiner Zeit beim FC Bayern kehrte Jürgen Klinsmann 1997 zu den Tottenham Hotspurs zurück. Er wurde damals verpflichtet von Trainer Christian Gross und erhielt die Rückennummer 33.

771. Der Torwart, der das erste Premier League-Tor der Geschichte kassierte, war die dänische Legende Peter Schmeichel.

772. Dennis Bergkamp, der seinen FC Arsenal, zu drei Meisterschaften in der Premier League führte, litt unter Flugangst.

773. Am ersten Spieltag der ersten Premier League-Saison im Jahre 1992 standen in elf Spielen gerade mal 13 ausländische Spieler auf dem Platz. Heutzutage kommen knapp die Hälfte aller Spieler in der Premier League aus dem Ausland.

774. Am 2. Weihnachtstag 1999 stellte Trainer Gianluca Vialli bei seinem FC Chelsea elf ausländische Spieler in der Startelf auf. Das war ein Novum in der Premier League.

775. Richard Dunne hält den Rekord für die meisten Eigentore (zehn) in der Premier League-Historie.

776. Der erste Deutsche, der mit seinem Team Premier League-Champion wurde, war Jens Lehmann im Jahre 2004 mit seinem FC Arsenal.

777. Die bisher einzige Mannschaft, die ungeschlagen englischer Meister in der Premier League wurde, war der FC Arsenal in der Saison 2003/2004.

https://amzn.to/32mmwtA

Unnützes Wissen - Werde zum absoluten Besserwisser!

Wusstest du bereits, dass ...

✓ ... bei einem Hamster der Jetlag vermindert wird, indem man ihm Viagra verabreicht?
✓ ... der nächste noch lebende Verwandte des T-Rex das Huhn ist?
✓ ... das Sperma einer menschlichen Ejakulation 5 Kalorien enthält?
✓ ... es verboten ist, im englischen Parlament zu sterben?

Solche und noch 996 weitere geniale sowie skurrile Fakten lernst du in diesem Buch kennen, mit welchen du in Zukunft zum unantastbaren Besserwisser auf jeder Party, in der Schule, auf der Arbeit oder auf jedem anderen gesellschaftlichen Anlass wirst!

Sei DU der Grund, weshalb deine Freunde nicht mehr ständig ihr Handy zücken müssen, um relevante sowie irrelevante Infos auf Google oder Wikipedia herauszufinden! Alles, was deine Freunde jemals wissen wollten, steht in diesem Buch! Es ist der Almanach des unnützen Wissens!

Wenn du davon träumst, irgendwann einmal die Million bei "Wer wird Millionär" zu gewinnen, dann benötigst du viel Wissen! Und zwar solches Wissen, welches du nicht in üblichen Lexika findest. Es benötigt das Wissen von knappen und klaren Fakten. Und ebensolche findest du in diesem handlichen Taschenbuch (bzw. eBook)!
Unnützes Wissen und skurrile Fakten zu folgenden Themen erwarten dich in diesem Buch:

- Allgemeinwissen
- Aus der Tierwelt
- Verrückte Natur
- Ernährung & Gesundheit
- Irres Deutschland
- Skurriles aus aller Welt
- Die bizarrsten Gesetze
- Zukunft & Technologie
- Lustige Sportwelt
- Wissenschaft & Universum
- Musik, Fernsehen & Prominente
- Geschichte & Vergangenes
- Ekelhaftes & Versautes

Du wirst in diesem Buch außerdem lernen ...

✓ ... auf welches Datum der einemillionste Tag unserer Zeitrechnung fallen wird!
✓ ... was die sogenannte "Peniscola" ist!
✓ ... in welcher Stadt es verboten ist, dass Pferde Hydranten auffressen!
✓ ... wie viele Kalorien ein Mensch beim Küssen verliert!
✓ ... und noch viel viel mehr!

Haftungsausschluss

Die Umsetzung aller enthaltenen Informationen, Anleitungen und Strategien dieses Buches erfolgt auf eigenes Risiko. Für etwaige Schäden jeglicher Art kann der Autor aus keinem Rechtsgrund eine Haftung übernehmen. Für Schäden materieller oder ideeller Art, die durch die Nutzung oder Nichtnutzung der Informationen bzw. durch die Nutzung fehlerhafter und/oder unvollständiger Informationen verursacht wurden, sind Haftungsansprüche gegen den Autor grundsätzlich ausgeschlossen. Ausgeschlossen sind daher auch jegliche Rechts- und Schadensersatzansprüche. Dieses Werk wurde mit größter Sorgfalt nach bestem Wissen und Gewissen erarbeitet und niedergeschrieben. Für die Aktualität, Vollständigkeit und Qualität der Informationen übernimmt der Autor jedoch keinerlei Gewähr. Auch können Druckfehler und Falschinformationen nicht vollständig ausgeschlossen werden. Für fehlerhafte Angaben vom Autor kann keine juristische Verantwortung sowie Haftung in irgendeiner Form übernommen werden.

Urheberrecht

Impressum

Ben Jacobi wird vertreten durch:
Joel Ludwig
Tegelbusch 23
26180 Rastede
koalaolabooks@gmail.com

Printed in Poland
by Amazon Fulfillment
Poland Sp. z o.o., Wrocław

92859660R00077